D1754367

SCHEREN ✄ SCHNITT

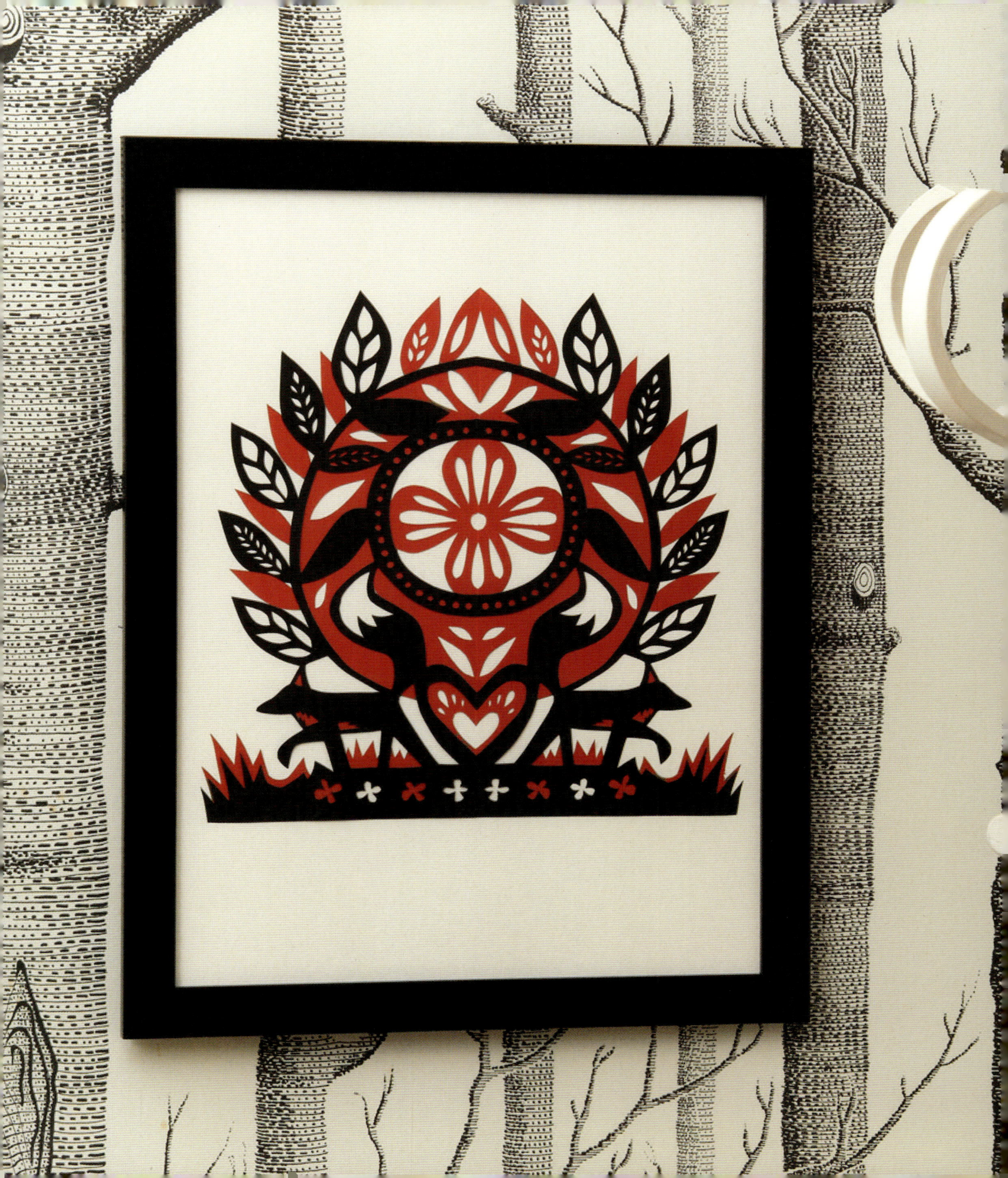

SCHEREN ✂ SCHNITT

Emily Hogarth

INHALTSVERZEICHNIS

Dieses Buch wurde von Quarto Publishing konzipiert, entworfen und produziert.

Redaktion Lily de Gatacre
Layout Joanna Bettles
Art-Director Caroline Guest
Design Anna Plucinska
Design-Assistenz Rohit Arora
Lektorat Sarah Hoggett
Fotos Simon Pask und Phil Wilkins
Bildrecherche Sarah Bell

Kreativ-Director Moira Clinch
Herausgeber Paul Carslake

Die englische Originalausgabe erschien 2012 unter dem Titel „Cut up this book!" bei:

Quarto Publishing plc
The Old Brewery
6 Blundell Street
London N7 9BH

QUAR:BPAC

Running Press Book Publishers
2300 Chestnut Street
Philadelphia, PA 19103-4371

© der englischen Ausgabe: 2012 Quarto Inc.
Herausgegeben von Running Press
© der deutschen Ausgabe: 2012 frechverlag GmbH, 70499 Stuttgart

Materialangaben und Arbeitshinweise in diesem Buch wurden von der Autorin und den Mitarbeitern des Verlags sorgfältig geprüft. Eine Garantie wird jedoch nicht übernommen. Autorin und Verlag können für eventuell auftretende Fehler oder Schäden nicht haftbar gemacht werden. Das Werk und die darin gezeigten Modelle sind urheberrechtlich geschützt. Die Vervielfältigung und Verbreitung ist, außer für private, nichtkommerzielle Zwecke, untersagt und wird zivil- und strafrechtlich verfolgt. Dies gilt insbesondere für eine Verbreitung des Werkes durch Fotokopien, Film, Funk und Fernsehen, elektronische Medien und Internet sowie für eine gewerbliche Nutzung der gezeigten Modelle. Bei Verwendung im Unterricht und in Kursen ist auf dieses Buch hinzuweisen.

Projektmanagement und Lektorat: Tina Herud
Übersetzung: Manuela Feilzer

Vorwort	6
Über dieses Buch	7

1 DIE GESCHICHTE DES SCHERENSCHNITTS — 8

2 SO WIRD'S GEMACHT — 16

Werkzeug und Material	18
Papier	22
Schneiden mit der Schere	23
Schneiden mit dem Cutter	24
Vorlagen	26
Faltschnitte, einfach und mehrfach gefaltet	27
Schichten und Gegenschnitte	30
Ihr Werk vollenden	32

3 SCHERENSCHNITTE ENTWERFEN — 34

Inspiration	36
Ohne Vorlage	38
Positiv- und Negativschnitt	40
Spiegelverkehrt denken	42

4 PROJEKTE 44

Karte mit Blumenmuster, einfach gefaltet	46
Karte mit Garten, Ziehharmonikafaltung	48
Karte mit volkstümlichem Motiv, Altarfaltung	50
Karte mit Turteltauben	52
Kartenpräsentation	54
Karte mit Wald, mehrschichtig	56
Botanische Kunst	58
Mobilé, Vögel im Flug	60
Schattenfiguren	62
Schattentheater	64
Windlichter	66
Platzkarten	68
Cupcake-Dekoration	70
Geschenkanhänger	72
Girlande und Wimpel	74
Teeparty	76
Weihnachtsbaumdekoration	78
Fensterbilder	80
Volkstümliches Motiv, mehrschichtig	82
Portrait-Silhouetten	84
Rahmen	86
Stadtansicht	88
Wandbild	90

5 VORLAGEN 92

Register	143
Bildnachweis	144

VORWORT

Ich habe Papier und seine vielen Verwendungsmöglichkeiten immer sehr gemocht. Während meines Kunststudiums lernte ich den Scherenschnitt kennen und habe mich sofort in dieses Kunsthandwerk verliebt. Es hat mich fasziniert, aus einem Blatt Papier, einem Gegenstand des täglichen Gebrauchs, etwas Magisches zu erschaffen, das so filigran und dekorativ sein kann. Der Scherenschnitt hat sich über die Jahre bewährt. Es gibt heute viele wunderbare Künstler, die ihren eigenen Stil einbringen und dem Scherenschnitt neues Leben einhauchen. Dadurch wird er immer beliebter.

In diesem Buch möchte ich Sie in die bezaubernde Welt des Scherenschnitts einführen. Anhand der Vielfalt der Projekte werden Sie Werkzeuge und Methoden kennenlernen und hübsche Modelle für Freunde und Familie schaffen. Ich hoffe, dass Ihnen dieses Buch als Handbuch dienen kann, das Sie immer wieder benutzen, um Inspirationen, Anregungen, Hinweise und auch Vorlagen für Ihre eigenen Scherenschnitte zu erhalten.

Viel Spaß beim Schneiden!

Emily Hogarth

ÜBER DIESES BUCH

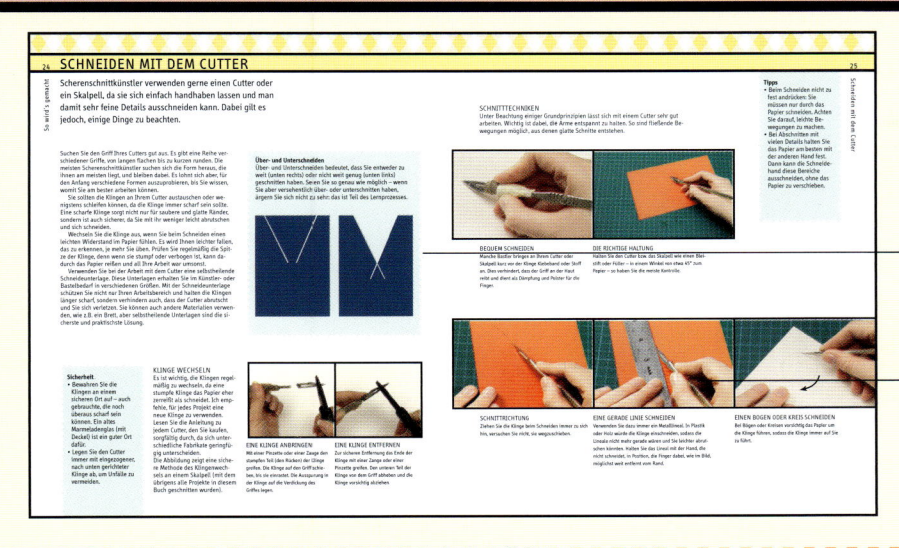

Techniken (Seiten 16–43)
Im ersten Abschnitt werden die wichtigsten Techniken vorgestellt, die Sie für den Scherenschnitt kennen müssen. Darin wird erklärt, wie Sie mit dem Cutter umgehen, Vorlagen verwenden, Ihre eigenen Scherenschnitte entwerfen und Ihre fertigen Kunstwerke am besten präsentieren.

Diagramme illustrieren wichtige Punkte und erforderliche Fertigkeiten und erklären häufige Fallstricke.

Schnitttechniken werden an Bildern demonstriert. So können Sie Ihre Technik vergleichen und anpassen.

Projekte (Seiten 44–91)
20 wunderbare und vielfältige Projekte: Sie können Ihre Fertigkeiten verfeinern, indem Sie einmalige Kunstwerke erstellen, die sich sowohl als Geschenk eignen als auch als Dekoration für Ihr Zuhause.

Zu Beginn jedes Projekts zeigt eine Grafik die kniffligsten Schnittpunkte an. Schneiden Sie an diesen Stellen besonders sorgfältig.

Die Scheren zeigen an, wie schwierig sich das Projekt gestaltet – Schwierigkeitsgrad 1, 2 oder 3.

Folgen Sie den Anleitungen Schritt für Schritt und Sie erhalten die besten Ergebnisse.

Vorlagen (Seiten 92–142)
Am Ende des Buches befinden sich 50 Vorlagen, die Sie direkt aus dem Buch ausschneiden oder aber kopieren können, um sie wiederzuverwenden. Wenn Sie die Worte „Hier ausklappen" lesen, klappen Sie einfach die Seiten aus – Sie erhalten so eine besonders große Vorlage.

Schneiden Sie mit einem Cutter oder einer Schere diese Linie entlang, um die Seite vollständig aus dem Buch zu lösen.

Jede Vorlage verweist auf ein Projekt, das mit der gleichen Technik bearbeitet wird. So können Sie den Anleitungen folgen und alles richtig machen.

1

DIE GESCHICHTE DES SCHERENSCHNITTS

DIE GESCHICHTE DES SCHERENSCHNITTS

Die Kunst des Scherenschnitts wächst und gedeiht seit Jahrhunderten und hat ihre Wurzeln in vielen verschiedenen Kulturen rund um den Globus.

Vielleicht haben Sie als Kind den Scherenschnitt kennengelernt, als es darum ging, Schneeflocken zu basteln. Dazu mussten Sie nur ein Stück Papier falten und an den Rändern und Ecken „herumschnippeln", es entfalten und hielten dann wie durch Magie ein wunderschönes, filigranes und symmetrisches Design in Händen. Aber Sie wissen wahrscheinlich nichts oder nicht viel über das lange und vornehme Erbe dieses Kunsthandwerks.

Das Papier wurde im 1. Jahrhundert n. Chr. in China erfunden. Daraus entwickelte sich bald die Kunst des Scherenschnitts. Dabei wurde in das neue Material geschnitten, um dekorative Bilder für Wandschirme und Stickmuster zu schaffen und Fenster und Häuser zu verzieren. Auch wenn der Scherenschnitt zu Beginn nur den Wohlhabenden und dem Adel zur Verfügung stand, entwickelte er sich mit der Zeit zu einer Art Volkskunst. Diejenigen, die sich teures Werkzeug und Material wie Farben, Leinwand und Pinsel nicht leisten konnten, nahmen ihn gerne an.

Der Scherenschnitt begab sich dann auf seine Reise durch Asien nach Westen und in den Nahen Osten, bis er im 16. Jahrhundert Europa erreichte.

TRADITIONELLES WYCINANKI
Oben sehen Sie ein Beispiel für einen polnischen Scherenschnitt, bekannt als Wycinanki, bei dem häufig ein Hahn abgebildet wird. Indem mehrere Papierschichten verwendet werden, lassen sich mehr als eine Farbe in das Design integrieren.

LEUCHTENDE FARBEN
Chinesische Scherenschnitte zeigen oft Tiere als Symbole für bestimmte Jahre und Bedeutungen. Hier sehen Sie den Scherenschnitt eines Tigers. Rot ist eine beliebte Farbe im chinesischen Scherenschnitt.

Die Geschichte des Scherenschnitts

PERFEKTE SYMMETRIE
Dieser traditionelle europäische Scherenschnitt zeigt die beliebte Technik eines Faltschnitts. Das Papier wurde vor dem Schneiden in der Mitte gefaltet, um ein symmetrisches Muster zu erschaffen.

Die Geschichte des Scherenschnitts

Auf seinem Weg durchquerte er verschiedene Länder und Kulturen, die eigene Interpretationen und Stile dieser Kunstform entwickelten. Dank dieser Interpretationen können wir auf eine vielfältige und reiche Geschichte des Scherenschnitts zurückschauen.

In Polen ist der Scherenschnitt traditionell als Wycinanki bekannt, was soviel heißt wie „ausschneiden". Dort wurde die Kunstform ausschließlich von den Bauern und der Arbeiterklasse angewendet. Mit Scherenschnitten wurden die Häuser geschmückt, insbesondere an Feiertagen wie Ostern und Weihnachten. Der polnische Scherenschnitt verwendet leuchtende Farben in mehreren Schichten und bildet meist volkstümliche Motive ab, z.B. einen Hahn. Während der russischen Invasion, als Scheren und Messer konfisziert waren, war es üblich, Schermesser aus der Schafschur für diesen bunten Schmuck zu verwenden.

In Deutschland und in der Schweiz werden beim Scherenschnitt traditionell kleine Stickscheren und häufig Faltungen verwendet. Der Scherenschnitt hat in diesen Ländern eine lange Tradition. Auch der dänische Schriftsteller Hans Christian Andersen illustrierte einige seiner Märchen mit einfachen Scherenschnitten und verlieh so seinen Worten noch mehr Magie.

Etwa ab dem 18. Jahrhundert wurden Familienportraits in Form von Silhouetten sehr beliebt, sie waren deutlich günstiger, als ein gemaltes Portrait in Auftrag zu geben. So wurden Silhouetten

FAMILIENALBUM (links)
Silhouetten aus Papier zu schneiden, war vom 18. Jahrhundert an eine beliebte Kunstform, um ein Abbild von Freunden oder Familienmitgliedern zu erhalten.

FESTSCHMUCK (RECHTS)
Diese bunte Girlande ist ein Beispiel der mexikanischen Form des Scherenschnitts, papel picado. Bunte Scherenschnittbilder werden als Schmuck für Familienfeiern und Feiertage aus sehr dünnem Papier gemeißelt, sodass bis zu 40 Papierbögen auf einmal geschnitten werden können.

besonders in England, Frankreich und Deutschland zu einer Modeerscheinung. In Deutschland war es weit verbreitet, ganze Familienstammbäume mit Portraits der einzelnen Familienmitglieder als Scherenschnitt anzufertigen.

Der Scherenschnitt ist seit dem Mittelalter auch eine verbreitete jüdische Kunst. Selbst heute noch werden Heiratsurkunden, ketubah, häufig kunstvoll verziert und mit aufwendigen Borten aus Scherenschnitt versehen, zu wunderschönen, liebevoll gehüteten Dokumenten.

Künstler, die versuchten, in Amerika Fuß zu fassen, brachten den Scherenschnitt in die „neue Welt". Einwanderer aus der Schweiz und Deutschland ließen sich auf der Suche nach Religionsfreiheit in Pennsylvania nieder und brachten ihr Kunsthandwerk mit. Es gibt dort eine lange Tradition des Scherenschnitts.

Ungefähr zur selben Zeit entwickelte sich auch die mexikanische Form des Scherenschnitts, papel picado. Anders als im europäischen Scherenschnitt, wo Scheren und Messer Verwendung fanden, verwendeten die Mexikaner Meißel, um die Dekorationen herzustellen. Bis zu 40 Scherenschnittbilder können gleichzeitig aus Seidenpapier gemeißelt werden. Mit diesen Girlanden werden Städte und Häuser in Mexiko zu kirchlichen Feiertagen wie Weihnachten und Ostern geschmückt und sie stehen in enger Verbindung mit dem traditionellen Fest der Toten. Sie stellen häufig Vögel, Blumen und Skelette dar.

ERLESENE DETAILS
Unten sehen Sie ein Beispiel der Arbeit der Scherenschnitt-Künstlerin Emma van Leest. Es trägt den Titel „Something Lost" und ist ein wunderbares Beispiel für die Menge an Details, die ein Scherenschnitt abbilden kann.

DARSTELLUNG IN 3D
Die Scherenschnitt-Installation „Havoc" von Mia Pearlman zeigt, wie sich der Scherenschnitt im 21. Jahrhundert entwickelt hat. Mia Pearlman verwandelt eine traditionell zweidimensionale Kunstform in ein dreidimensionales Kunstwerk, das den Raum einnimmt und Bewegung suggeriert, wo keine ist.

14

Die Geschichte des Scherenschnitts

FANTASTISCHE SZENEN
Rob Ryan erschafft wunderschöne, aufwendige Illustrationen aus Scherenschnitten, die Geschichten erzählen. Dieses Werk trägt den Titel „All It Took" und ist ein gutes Beispiel dafür, wie Positiv- und Negativschnitte im Scherenschnitt verwendet werden können.

Neuerdings erlebt der Scherenschnitt ein Revival und wird unter Künstlern und Bastlern immer beliebter. Viele der heutigen Künstler lassen sich von der Geschichte und Tradition des Scherenschnitts beeinflussen, man begegnet ihm auf der ganzen Welt in Filmen, in Design, Mode und in der Kunst.

Künstler wie Rob Ryan und Elsa Mora verwenden zwar traditionelle Schnitttechniken, haben aber einen eigenen Stil und eigene Inhalte entwickelt, mit denen sie sich von den volkstümlichen Motiven der Vergangenheit entfernen. Ihre Scherenschnitte sind wunderschön und verzaubernd und integrieren die Kunstform des Scherenschnitts gut in die heutige Gesellschaft. Es ist auch beeindruckend zu sehen, wie der Scherenschnitt sich in eine dreidimensionale Kunstform entwickelt. Obwohl traditionell zweidimensional, gehen moderne Künstler wie Laura Cooperman und Mia Pearlman in eine neue Richtung, indem sie dreidimensionale Installationen schaffen, die zeigen, wieviel man aus einem einzigen Blatt Papier erschaffen kann.

Auch heute noch hauchen Künstler dieser Kunst immer wieder neues Leben ein und entwickeln sie unter Verwendung ihrer traditionellen Elemente – Papier, ein Schneidewerkzeug und Fantasie – stetig weiter.

KUNST IN STETIGER ENTWICKLUNG
Béatrice Corons Scherenschnitt „Rafts" ist ein schönes Beispiel dafür, wie moderne Scherenschnittkünstler das traditionelle Handwerk verwenden und verändern.

NICHT NUR SCHWARZ-WEISS
Die Scherenschnittkünstlerin Elsa Mora verwendet helles, buntes Papier und einen bunten Hintergrund und gibt der Kunst des Scherenschnitts damit eine frische, moderne Note. Dieses Kunstwerk trägt den Titel „The Ride" und ist ein gutes Beispiel hierfür.

2

SO WIRD'S GEMACHT

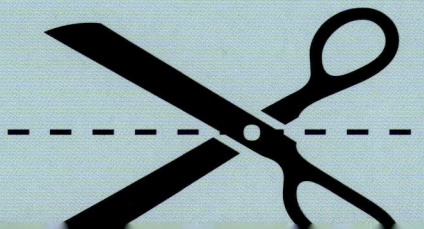

WERKZEUG UND MATERIAL

Das Schöne am Scherenschnitt ist, dass man eigentlich nur Papier und ein Schneidewerkzeug dafür benötigt – allerdings wurde über die Jahre zusätzliches Werkzeug entwickelt, um die Arbeit zu erleichtern. Hier werden die wesentlichen Werkzeuge und Materialien vorgestellt.

WAS SIE UNBEDINGT BRAUCHEN
Alle Projekte in diesem Buch können mit so wenig Werkzeug wie möglich hergestellt werden. Es gibt aber ein paar Dinge, die Sie besitzen sollten; Sie sehen sie hier abgebildet. Auf den folgenden Seiten wird detailliert darauf eingegangen, wie Sie Papier, Schere und Cutter auswählen, und es werden grundlegende Schnitt- und Falttechniken erklärt.

TRANSPARENT-/KOHLEPAPIER
Mit Transparentpapier (1) lässt sich ein Bild gut auf ein anderes Blatt Papier übertragen. Zu diesem Zweck kann man auch Kohlepapier (2) verwenden. Auf Seite 26 finden Sie eine Anleitung dazu.

BLEISTIFT
Ein Bleistift (3) und ein Spitzer (4) gehören zur Ausrüstung dazu, um Entwürfe zu zeichnen oder zu verändern. Es wird ein Bleistift mit einem mittleren Härtegrad wie HB empfohlen, da er eine klare, dünne Linie zeichnet und sich leicht ausradieren lässt.

RADIERGUMMI
Verwenden Sie einen Radiergummi (5), um unerwünschte Bleistiftspuren von Ihrem Werk zu entfernen.

KLEBEMITTEL/KLEBSTOFF
Es gibt viele verschiedene Klebemittel auf dem Markt. Sprühkleber (6) eignen sich gut für Scherenschnitte, da sie weniger Feuchtigkeit enthalten und so das Papier keine Wellen wirft. Doppelseitiges Klebeband (7) ist eine gute Alternative. Es besteht aus einer Rolle beidseitig klebenden Bandes. Entfernen Sie die Folie von einer Seite des Klebebandes und befestigen Sie diese Seite auf Ihrem Papier. Dann entfernen Sie die Folie auf der anderen Seite des Klebebands, um das Paier aufzukleben. Weitere Klebemittel sind verschiedene Klebestifte (8), (9) und (um Papier oder eine Karte leicht abzuheben und so einen dreidimensionalen Effekt zu erzeugen) Klebepads oder Klebepunkte (10). Mehr Information dazu finden Sie auf Seite 32.

KLEBEBAND
Sie brauchen ein gutes Klebeband mit geringer Klebestärke, um die Vorlage auf dem Papier zu befestigen, damit es während des Schneidens nicht verrutscht. Durchsichtiges Klebeband (11) und Masking Tape (12) eignen sich dafür am besten, da sich beide leicht vom Papier entfernen lassen, ohne den Scherenschnitt zu beschädigen. Meine Empfehlung ist, das Klebeband auf einem Stück Papier auszuprobieren, bevor Sie mit einem Projekt beginnen, um sicherzugehen, dass es sich wieder entfernen lässt.

SCHERE
Normalerweise werden beim Scherenschnitt Scheren verwendet.

19

20 WERKZEUG UND MATERIAL

15.

18.

16.

14.

25.

29.

17.

27.

Es gibt eine große Auswahl an Scheren. Sie sollten eine Schere kaufen, die gut in Ihre Hand passt und kleine, scharfe Spitzen hat, mit denen Sie auch kleine Einschnitte machen können. Es lohnt sich, sich eine Schere von guter Qualität zu leisten. Sie können aber für den Anfang auch eine einfache Stickschere verwenden.

CUTTER (SCHNEIDEMESSER)
Ein Cutter (14) mit auswechselbaren Klingen eignet sich perfekt für präzise, saubere und komplizierte Schnitte. Dieses Werkzeug werden Sie für fast alle Projekte in diesem Buch benötigen. Sie können es in den meisten Bastelgeschäften kaufen. Sie sollten immer neue Klingen zur Hand haben, da diese regelmäßig ausgewechselt werden müssen, um einen sauberen Schnitt zu gewährleisten.

METALLLINEAL
Verwenden Sie ein Metalllineal (15), wenn Sie mit Lineal und Cutter arbeiten, da Sie mit dem Cutter abrutschen können. In Lineale aus Plastik oder Holz würde der Cutter schneiden.

SCHNEIDEUNTERLAGE
Eine selbstheilende Schneideunterlage (16) schützt Ihre Tischplatte und verhindert, dass Sie mit dem Cutter abrutschen und sich schneiden. Schneideunterlagen gibt es in verschiedenen Größen, sie sind meistens mit einem Maßrasterdruck versehen.

EBENFALLS NÜTZLICH
Die folgenden Gegenstände sind nicht unbedingt notwendig, können sich aber als nützlich erweisen.

FALZBEIN
Mit diesem Werkzeug gelingen Ihnen gleichmäßige und genaue Falten und Falze. Falzbeine (17) gibt es in Bastelgeschäften zu kaufen.

NADEL UND FADEN
Es ist immer gut, eine Nähnadel (18) zur Hand zu haben, um Löcher in Ihren Scherenschnitt zu stechen, sowie Faden, um z. B. Mobilés aufzuhängen.

SKIZZENBUCH
Sie können jederzeit eine Eingebung haben, daher sollten Sie ein Skizzenbuch (19) besitzen, das Sie immer mit sich tragen können, Buntstifte (20) und bunte Kugelschreiber (21), damit Sie keine Chance verpassen, eine gute Idee für einen Scherenschnitt zu notieren.

DEKOBAND
(22) Dekoband ist ebenfalls nützlich für Ihre Scherenschnitt-Ausrüstung, um damit Karten und Anhängern den letzten Schliff zu geben. Bewahren Sie einfach Reste von Geschenkverpackungen oder Näharbeiten auf.

RUNDKOPFKLAMMERN
Normalerweise werden Rundkopfklammern (23) für Versandtaschen verwendet, sie eignen sich aber auch gut dafür, bewegliche Teile an Ihren Modellen zu befestigen (siehe Seiten 62/63).

STECKNADELN UND BÜROKLAMMERN
Stecknadeln (24), Heftzwecken (25) und Büroklammern (26) erweisen sich oft als nützlich: um fertige Scherenschnitte zusammenzuhalten, anregende Bilder an der Pinnwand zu befestigen oder Papier zusammenzuhalten, während der Kleber trocknet.

Lesen Sie bei jedem Projekt die Anleitung und den Abschnitt Werkzeug und Material, bevor Sie beginnen. Manchmal sind zusätzliche Gegenstände wie Teelichter (27), Zahnstocher (28) oder ein Bilderrahmen (29) für ein Projekt nötig oder werden empfohlen.

PAPIER

Papier ist die wichtigste Komponente beim Scherenschnitt: Aus einem Blatt Papier können Sie ein wunderschönes, filigranes Kunstwerk schaffen. Daher ist es wichtig, vor jedem Projekt zu überlegen, welches Papier Sie verwenden möchten.

Sie können beim Scherenschnitt jede Art von Papier verwenden, aber es gibt Sorten, die sich einfach besser eignen als andere. Qualitativ hochwertiges, säurefreies Papier ist immer eine gute Wahl. Die meisten Scherenschnittkünstler entscheiden sich dafür, weil es sich sauber schneiden lässt, die richtige Stärke hat, nicht ausbleicht und in einer Vielzahl von Farben erhältlich ist. Es ist aber immer gut, verschiedene Papiersorten auszuprobieren, um herauszufinden, womit Sie am besten zurechtkommen. Versuchen Sie neben der hochwertigen, säurefreien Variante auch gemustertes Papier, Aquarellpapier oder sogar Packpapier. Jedes Papier hat seine ganz bestimmten Eigenschaften.

Sie werden bemerken, dass manche Sorten sich besser für bestimmte Projekte eignen als andere. So wäre es zum Beispiel schwierig, einen Scherenschnitt mit kleinen Details aus Karton zu schneiden und gemustertes Papier würde bei einem Motiv mit vielen aufwendigen Details zu stark ablenken. Bei einem Modell, das beidseitig zu sehen sein soll, sollten Sie darauf achten, dass das Papier auf beiden Seiten gefärbt ist. Manche Papiersorten knittern leicht (das ist gut für Faltschnitte), während andere stabiler sind (gut geeignet für Karten). Recyclingpapier reißt beim Schneiden leicht ein und ist keine gute Wahl für Scherenschnitte.

Die Erfahrung wird Ihnen zeigen, welches Papier Ihnen am besten liegt und für Ihren Scherenschnittstil am besten geeignet ist.

Papiergewicht
Papier lässt sich auf unterschiedliche Arten beschreiben, aber meistens wird dafür das Gewicht herangezogen. Dabei bestehen Unterschiede zwischen den USA und Europa.

In Deutschland und anderen europäischen Ländern wird Papier in Gramm pro Quadratmeter angegeben. Druckerpapier wiegt etwa 80 g/m², Zeichenpapier dagegen etwa 150 g/m².

In den USA wird das Papiergewicht in Pfund (lb) pro Ries angegeben. Ein Ries besteht üblicherweise aus 500 Blatt, daher gilt, je schwerer das Ries, desto dicker das Papier. Druckerpapier wiegt beispielsweise ungefähr 100 lb pro Ries, Zeichenpapier dagegen ungefähr 220 lb pro Ries.

Es ist ratsam (besonders zu Beginn), verschiedene Stärken auszuprobieren, um zu verstehen, wie das unterschiedliche Gewicht sich bemerkbar macht. Erst wenn Sie wissen, welche Stärke Sie für ein bestimmtes Modell benötigen, sollten Sie zum Papier-Einkaufen losziehen.

DIE WAHL DES PAPIERS
Es gibt eine große Auswahl an Papiersorten und -gewichten. Trauen Sie sich und probieren Sie mehrere Sorten aus, um damit unterschiedliche Effekte zu erzielen.

SCHNEIDEN MIT DER SCHERE

Scherenschnitte wurden traditionell und werden bis heute mit Scheren geschnitten. Auf dieser Seite wird erklärt, was Sie dabei beachten sollten.

Tipp:
Wählen Sie beim Kauf eine Schere aus, deren Griff bequem in Ihre Hand passt.

Bis auf den Gegenschnitt (siehe dazu Seite 31), lassen sich alle Projekte in diesem Buch entweder mit einem Cutter oder mit einer Schere schneiden. Die Entscheidung liegt bei Ihnen. Wenn Sie aber eine Schere verwenden, dann gibt es ein paar Dinge, die Sie beachten sollten, um sich die Arbeit zu erleichtern.

Scheren gibt es in allen Größen und Formen, Sie werden einige ausprobieren müssen, bevor Sie sich für eine entscheiden. Sie können mit einer Bastelschere beginnen, aber für komplizierte Projekte mit vielen Details sollten Sie sinnvollerweise auch eine kleine, scharfe Schere bereithalten. Dafür sind Stick-, Decoupage- oder auch Operationsscheren geeignet.

Am einfachsten lässt sich mit einer Schere schneiden, wenn man sitzt, die Ellbogen auf einem Tisch abstützt und das Papier auf Augenhöhe in der Hand hält. Mit der Schere in der einen Hand führen Sie mit der anderen Hand das Papier die Klingen entlang. Halten Sie die Hand mit der Schere stabil und schließen Sie die Klingen beim Schneiden nicht vollständig. So erhalten Sie eine gleichmäßigere Linie und einen sauberen Abschluss und vermeiden einen ausgezackten Rand.

GRUNDTECHNIKEN BEIM SCHNEIDEN MIT DER SCHERE
Kleine Abschnitte mit vielen Details bereiten beim Schneiden meist die größten Schwierigkeiten. Schneiden Sie diese Stellen zuerst, dadurch bleibt das Blatt Papier länger im Ganzen bestehen und reißt nicht so leicht.

1 Bei kleinen, filigranen Abschnitten erst mit der Scherenspitze ein Loch in den Bereich stechen, den Sie ausschneiden, und dann einen kleinen Schnitt machen. Sobald eine erste Öffnung entstanden ist, vorsichtig die Schere einführen und von da aus weiterschneiden.

2 Sind die Innenschnitte einer Form ausgeschnitten, können die Umrisse ausgeschnitten werden. Es ist wichtig, die Innenschnitte zuerst zu schneiden. Denn wenn die Form bereits ausgeschnitten ist, ist es schwieriger, ein Loch in die inneren Abschnitte zu stechen.

SCHNEIDEN MIT DEM CUTTER

Scherenschnittkünstler verwenden gerne einen Cutter oder ein Skalpell, da sie sich einfach handhaben lassen und man damit sehr feine Details ausschneiden kann. Dabei gilt es jedoch, einige Dinge zu beachten.

Suchen Sie den Griff Ihres Cutters gut aus. Es gibt eine Reihe verschiedener Griffe, von langen flachen bis zu kurzen runden. Die meisten Scherenschnittkünstler suchen sich die Form heraus, die ihnen am meisten liegt, und bleiben dabei. Es lohnt sich aber, für den Anfang verschiedene Formen auszuprobieren, bis Sie wissen, womit Sie am besten arbeiten können.

Sie sollten die Klingen an Ihrem Cutter austauschen oder wenigstens schleifen können, da die Klinge immer scharf sein sollte. Eine scharfe Klinge sorgt nicht nur für saubere und glatte Ränder, sondern ist auch sicherer, da Sie mit ihr weniger leicht abrutschen und sich schneiden.

Wechseln Sie die Klinge aus, wenn Sie beim Schneiden einen leichten Widerstand im Papier fühlen. Es wird Ihnen leichter fallen, das zu erkennen, je mehr Sie üben. Prüfen Sie regelmäßig die Spitze der Klinge, denn wenn sie stumpf oder verbogen ist, kann dadurch das Papier reißen und all Ihre Arbeit war umsonst.

Verwenden Sie bei der Arbeit mit dem Cutter eine selbstheilende Schneideunterlage. Diese Unterlagen erhalten Sie im Künstler- oder Bastelbedarf in verschiedenen Größen. Mit der Schneideunterlage schützen Sie nicht nur Ihren Arbeitsbereich und halten die Klingen länger scharf, sondern verhindern auch, dass der Cutter abrutscht und Sie sich verletzen. Sie können auch andere Materialien verwenden, wie z.B. ein Brett, aber selbstheilende Unterlagen sind die sicherste und praktischste Lösung.

Über- und Unterschneiden
Über- und Unterschneiden bedeutet, dass Sie entweder zu weit (unten rechts) oder nicht weit genug (unten links) geschnitten haben. Seien Sie so genau wie möglich – wenn Sie aber versehentlich über- oder unterschnitten haben, ärgern Sie sich nicht zu sehr: das ist Teil des Lernprozesses.

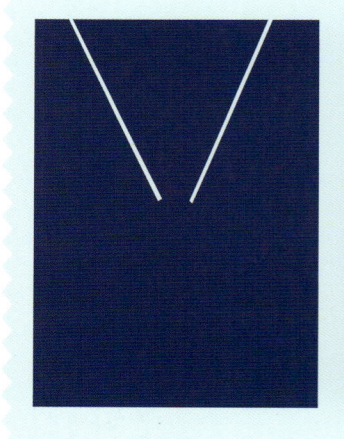

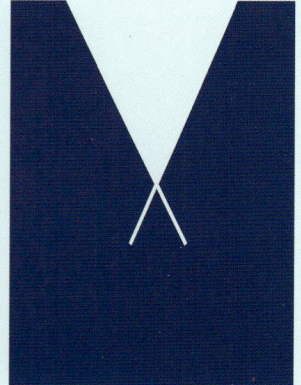

Sicherheit
- Bewahren Sie die Klingen an einem sicheren Ort auf – auch gebrauchte, die noch überaus scharf sein können. Ein altes Marmeladenglas (mit Deckel) ist ein guter Ort dafür.
- Legen Sie den Cutter immer mit eingezogener, nach unten gerichteter Klinge ab, um Unfälle zu vermeiden.

KLINGE WECHSELN
Es ist wichtig, die Klingen regelmäßig zu wechseln, da eine stumpfe Klinge das Papier eher zerreißt als schneidet. Ich empfehle, für jedes Projekt eine neue Klinge zu verwenden. Lesen Sie die Anleitung zu jedem Cutter, den Sie kaufen, sorgfältig durch, da sich unterschiedliche Fabrikate geringfügig unterscheiden.
Die Abbildung zeigt eine sichere Methode des Klingenwechsels an einem Skalpell (mit dem übrigens alle Projekte in diesem Buch geschnitten wurden).

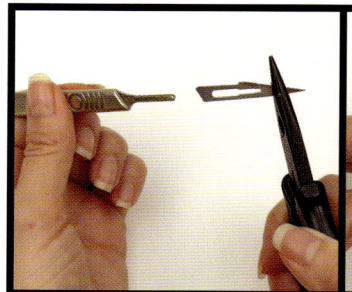

EINE KLINGE ANBRINGEN
Mit einer Pinzette oder einer Zange den stumpfen Teil (den Rücken) der Klinge greifen. Die Klinge auf den Griff schieben, bis sie einrastet. Die Aussparung in der Klinge auf die Verdickung des Griffes legen.

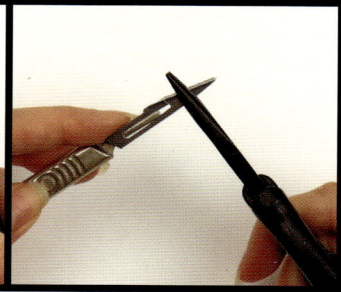

EINE KLINGE ENTFERNEN
Zur sicheren Entfernung das Ende der Klinge mit einer Zange oder einer Pinzette greifen. Den unteren Teil der Klinge von dem Griff abheben und die Klinge vorsichtig abziehen.

SCHNITTTECHNIKEN

Unter Beachtung einiger Grundprinzipien lässt sich mit einem Cutter sehr gut arbeiten. Wichtig ist dabei, die Arme entspannt zu halten. So sind fließende Bewegungen möglich, aus denen glatte Schnitte entstehen.

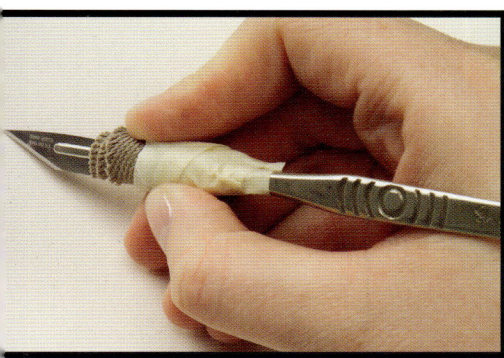

Tipps
- Beim Schneiden nicht zu fest andrücken: Sie müssen nur durch das Papier schneiden. Achten Sie darauf, leichte Bewegungen zu machen.
- Bei Abschnitten mit vielen Details halten Sie das Papier am besten mit der anderen Hand fest. Dann kann die Schneidehand diese Bereiche ausschneiden, ohne das Papier zu verschieben.

BEQUEM SCHNEIDEN
Manche Bastler bringen an Ihrem Cutter oder Skalpell kurz vor der Klinge Klebeband oder Stoff an. Dies verhindert, dass der Griff an der Haut reibt und dient als Dämpfung und Polster für die Finger.

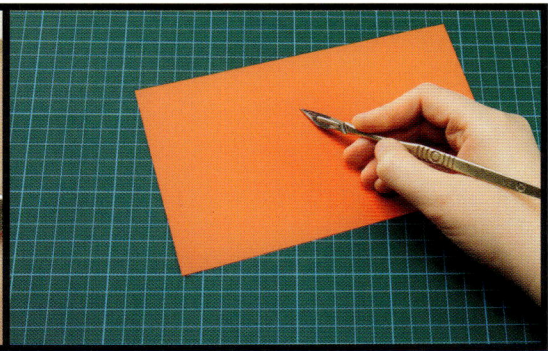

DIE RICHTIGE HALTUNG
Halten Sie den Cutter bzw. das Skalpell wie einen Bleistift oder Füller – in einem Winkel von etwa 45° zum Papier – so haben Sie die meiste Kontrolle.

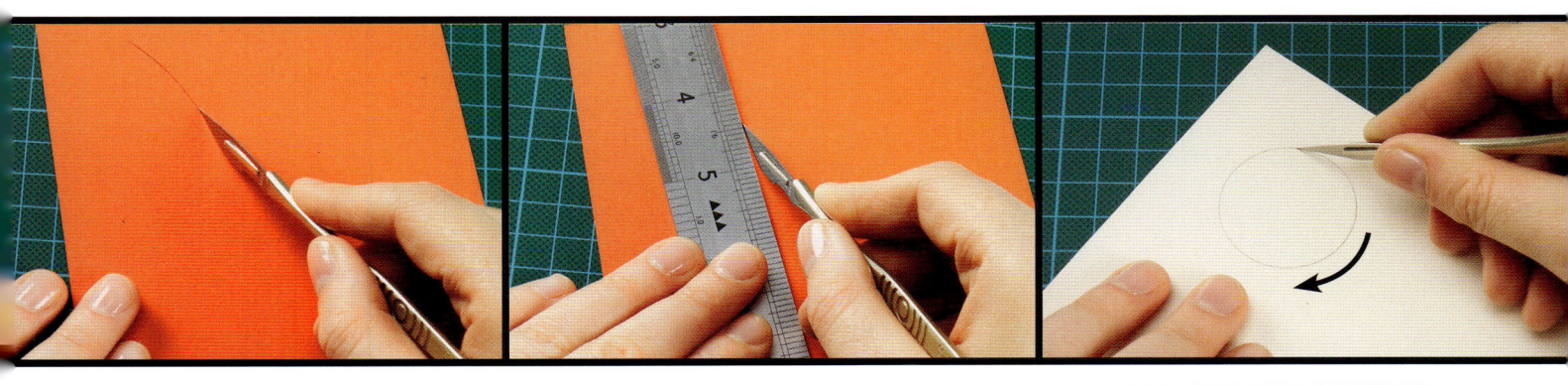

SCHNITTRICHTUNG
Ziehen Sie die Klinge beim Schneiden immer zu sich hin, versuchen Sie nicht, sie wegzuschieben.

EINE GERADE LINIE SCHNEIDEN
Verwenden Sie dazu immer ein Metalllineal. In Plastik oder Holz würde die Klinge einschneiden, sodass die Lineale nicht mehr gerade wären und Sie leichter abrutschen könnten. Halten Sie das Lineal mit der Hand, die nicht schneidet, in Position, die Finger dabei, wie im Bild, möglichst weit entfernt vom Rand.

EINEN BOGEN ODER KREIS SCHNEIDEN
Bei Bögen oder Kreisen vorsichtig das Papier um die Klinge führen, sodass die Klinge immer auf Sie zu führt.

VORLAGEN

Für den Anfang sind Vorlagen eine gute Sache, da Sie mit einem fertigen Muster arbeiten können. Wenn Sie dann mit den Schnitttechniken vertraut sind, können Sie Ihre eigenen Muster entwerfen.

Die Vorlagen am Ende dieses Buch sind dazu gedacht, dass Sie sie aus dem Buch ausschneiden (siehe Seite 7), auf dem von Ihnen gewählten Papier befestigen und loslegen. Folgen Sie Schritt für Schritt den Anleitungen der einzelnen Projekte und Sie erhalten wunderschöne Modelle.

Ausgeschnitten werden nur die weißen Teile der Vorlagen, während die farbigen oder schwarzen Teile stehenbleiben. Wenn Ihr Scherenschnitt fertig ist, können Sie die Vorlage behalten und wieder verwenden, z. B. um das Muster in unterschiedlichen Farben immer wieder entstehen zu lassen.

VORLAGEN ÜBERTRAGEN
Wenn Sie das Buch aber nicht zerschneiden wollen, gibt es auch andere Methoden, eine Vorlage auf ein Blatt Papier zu übertragen. Auf dieser Seite werden zwei davon beschrieben.

KOPIEREN UND SCANNEN
Dabei handelt es sich um die verbreitetste Art, eine Vorlage zu übertragen, und Sie können so mit der Größe des Musters spielen. Eine Vorlage aussuchen, kopieren oder einscannen, nach Wunsch die Größe ändern und dann ausdrucken. Das Papier für den Scherenschnitt auf eine ebene Unterlage legen, das ausgedruckte Muster mit der Vorderseite nach oben darauf legen und die beiden Lagen mit Klebeband aneinander befestigen, damit sie beim Schneiden nicht verrutschen. Das Muster ausschneiden.

DAS MUSTER VERÄNDERN
Beim Nachzeichnen lässt sich das Muster leicht abwandeln, sodass es Ihren Vorstellungen entspricht. Legen Sie Scherenschnittpapier, Kohlepapier und Vorlage wie beschrieben aufeinander und fixieren Sie die Lagen. Zeichnen Sie die Teile der Vorlage nach, die Sie beibehalten möchten und fügen Sie nach Belieben neue Elemente hinzu – achten Sie nur darauf, all das, was Sie hinzufügen, mit Teilen der Vorlage zu verbinden. Alles, was Sie nun auf der Vorlage einzeichnen, wird über das Kohlepapier auf das Scherenschnittpapier übertragen. Wenn Sie also Ihr Muster erst planen möchten, dann zeichnen Sie es auf die Vorlage, bevor Sie die Vorlage zusammen mit dem Kohlepapier auf das Scherenschnittpapier legen.

MIT KOHLEPAPIER
Sie können die Vorlage auch mithilfe von Kohlepapier auf Ihr Scherenschnittpapier übertragen. Dann müssen Sie später nur noch durch eine Lage Papier schneiden – was je nach Papier einen großen Unterschied machen kann. Kohlepapier kann mehrfach verwendet werden, bewahren Sie es also gut auf.

1 Das Papier für den Scherenschnitt auf eine ebene Unterlage legen und das Kohlepapier (mit der Tintenseite nach unten) darauf legen. Dann die kopierte oder gescannte Vorlage auf das Kohlepapier legen. (Wenn Sie keine Möglichkeit haben zu kopieren oder zu scannen, pausen Sie das Muster vom Buch auf Transparentpapier ab und verwenden Sie dies als oberste Schicht.) Die drei Lagen mit Klebeband fixieren, sodass nichts verrutscht.

2 Mit einem spitzen Gegenstand, z. B. einem Bleistift oder Kugelschreiber die Umrisse des kopierten Musters nachzeichnen. Nachdem das Muster vollständig übertragen wurde, die beiden oberen Lagen entfernen. Das Muster wurde auf das Scherenschnittpapier übertragen.

FALTSCHNITTE, EINFACH UND MEHRFACH GEFALTET

Erinnern Sie sich daran, wie sie als Kind Schneeflocken aus Papier ausgeschnitten haben? Hierbei handelt es sich um das gleiche Prinzip – eine Schnitttechnik, mit der Sie symmetrische Muster erschaffen können.

Bei einem Symmetrieschnitt ist die erste Entscheidung die, welches Papier verwendet werden soll. Es sollte ein leichtes Papier sein, das sich gut falten lässt.

Egal ob es sich um eine Einfach- oder Mehrfachfaltung handelt, ist das Papier einmal gefaltet, sollte es nicht geöffnet werden, bevor nicht alles fertig ausgeschnitten ist. Dies dient nicht nur dem Überraschungsmoment, sondern sorgt auch dafür, dass das Papier nicht verrutscht – damit der fertige Scherenschnitt am Ende auch symmetrisch ist.

Sie sollten immer wissen, wo sich der Falz befindet, um ihn nicht versehentlich abzuschneiden. Sonst fällt der Scherenschnitt auseinander.

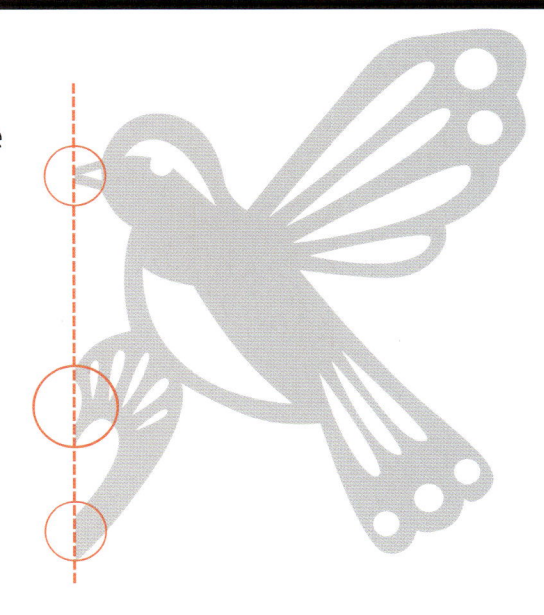

FALTSCHNITTE MIT EINFACHFALTUNG

Das Papier in der Mitte falten und darauf achten, dass der Falz gerade und glatt ist. Es sollte sich mit der Hand falten lassen, bei festerem Papier kann aber auch ein Falzbein (siehe Seite 21) verwendet werden.

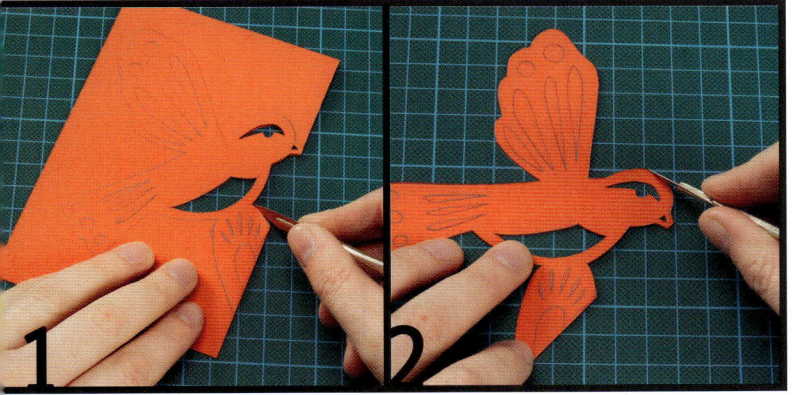

DEN FALZ ERHALTEN

Die unterbrochene Linie in der Abbildung oben stellt den Falz dar. Es ist wichtig, dass Teile des Musters mit dieser Linie verbunden bleiben, damit der Scherenschnitt nicht in zwei Teile zerfällt.

1 Zuerst die Innenschnitte des Musters ausschneiden. Am besten mit den Teilen entlang dem Falz beginnen, dies sind die wichtigen Abschnitte.

2 Dann die Umrisse des Musters ausschneiden.

3 Schließlich die kleinen, komplizierteren Innenschnitte ausschneiden.

4 Nachdem das Muster ausgeschnitten ist, wird es entfaltet.

Erst jetzt können Sie das fertiggestellte Projekt als Ganzes sehen. Den Falz können Sie mit einem Bügeleisen verschwinden lassen (siehe Seite 32).

FALTSCHNITTE MIT MEHRFACHFALTUNG

Wenn Sie mit der Einfachfaltung gut zurechtkommen, können Sie zur Mehrfachfaltung übergehen. Diese eignet sich wunderbar, um schnell aufwendige Muster zu erschaffen. Schnitte mit Mehrfachfaltung gestalten sich etwas schwieriger, da Sie durch mehrere Lagen Papier auf einmal schneiden müssen. Verwenden Sie dazu am besten leichteres Papier.

VERSCHIEDENE FALTUNGEN

Unten sind verschiedene Faltungen dargestellt, mit zwei, vier oder acht übereinstimmenden Abschnitten. (Bedenken Sie, je mehr Sie falten, desto mehr Lagen müssen Sie durchschneiden.)

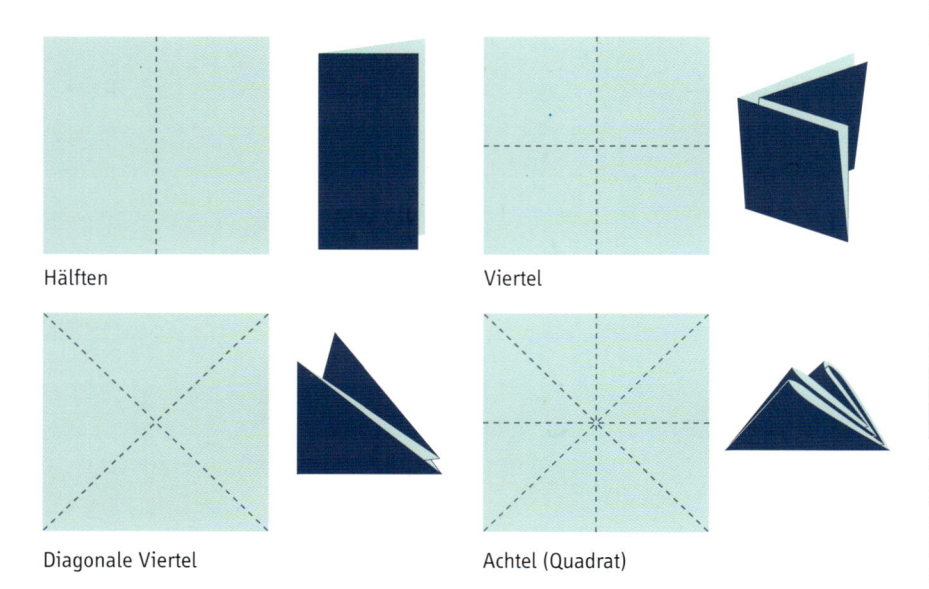

Hälften

Viertel

Diagonale Viertel

Achtel (Quadrat)

Ziehharmonikafaltung

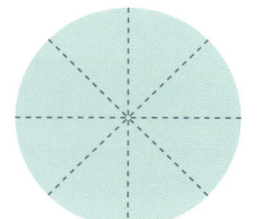

Achtel (Kreis)

ZWEI FALZE

Bei Schnitten mit Mehrfachfaltung müssen Sie auf mehr als einen Falz achten. In dieser Abbildung rechts sind es zwei Falze (angezeigt durch die unterbrochene Linie). Die Kreise zeigen an, wo das Muster noch mit dem Falz verbunden ist. Würden diese Stellen alle durchschnitten, würde der Scherenschnitt nach dem Öffnen auseinanderfallen.

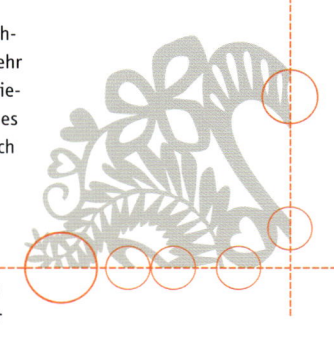

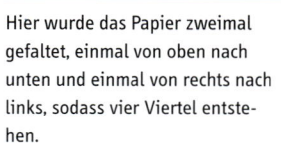

Hier wurde das Papier zweimal gefaltet, einmal von oben nach unten und einmal von rechts nach links, sodass vier Viertel entstehen.

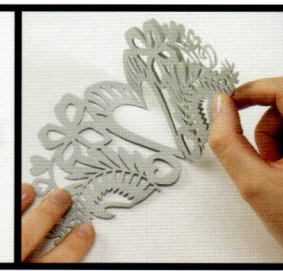

Beim Auseinanderfalten nach dem Schneiden zeigt sich auch die Komplexität und die Symmetrie des Musters.

Entfalten Sie die Scherenschnitte sehr vorsichtig (besonders mehrfach gefaltete), da das Papier sich leicht verhaken und dann reißen kann.

So wird's gemacht

EINKERBEN UND EINDRÜCKEN

Für manche Scherenschnitte möchten Sie möglicherweise festeres Papier verwenden, das sich nur sehr schwer falten lässt und das häufig einen unebenen Falz ergibt. Um das zu verhindern, besteht die Möglichkeit, durch vorheriges Einkerben oder -drücken einen gleichmäßigen, glatten Falz zu erhalten. Beide Methoden eignen sich besonders gut für die Herstellung von Karten. Suchen Sie sich eine aus.

1 Ein Metalllineal an die Mittellinie (Außenseite des Papiers) legen, wo der Falz entstehen soll. Dann leicht mit einem Cutter bzw. Skalpell an dem Lineal entlangfahren. Darauf achten, dass nur in die Oberfläche des Papiers und nicht ganz durch das Papier hindurch geschnitten wird.

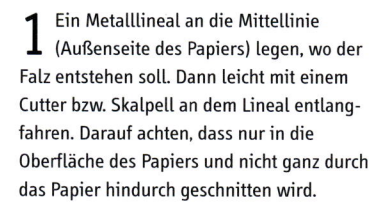

2 Das Papier umdrehen und vorsichtig in der Mitte falten, die eingekerbte Linie liegt außen.

3 Die Kerbe mit den Fingern oder einem Falzbein flachdrücken, damit ein glatter, gerader Falz entsteht.

EINKERBEN
Diese Technik eignet sich für dickes Papier und dünnen bis mittelstarken Karton. Hierbei wird die Oberfläche des Papiers/des Kartons leicht angeritzt und lässt sich so leichter falten.

EINDRÜCKEN
Diese Technik eignet sich für dickes Papier und dünnen bis mittelstarken Karton. Sie wird bei diesen Materialien deutlich häufiger verwendet als das Einkerben. Beim Eindrücken wird Druck ausgeübt, um eine Linie in die Karte zu prägen, damit diese sich leichter falten lässt.

1 Ein Metalllineal an die Mittellinie (Innenseite des Papiers) legen, wo der Falz entstehen soll. Anstatt in das Papier zu schneiden, das Skalpell umdrehen und den Griff entlang des Lineals in das Papier drücken. Es kann auch ein anderer spitzer Gegenstand, z. B. ein leerer Kugelschreiber, verwendet werden. Darauf achten, dass die Papieroberfläche nicht beschädigt wird.

2 Das Papier so falten, dass sich die eingedrückte Linie auf der Innenseite des Falzes befindet.

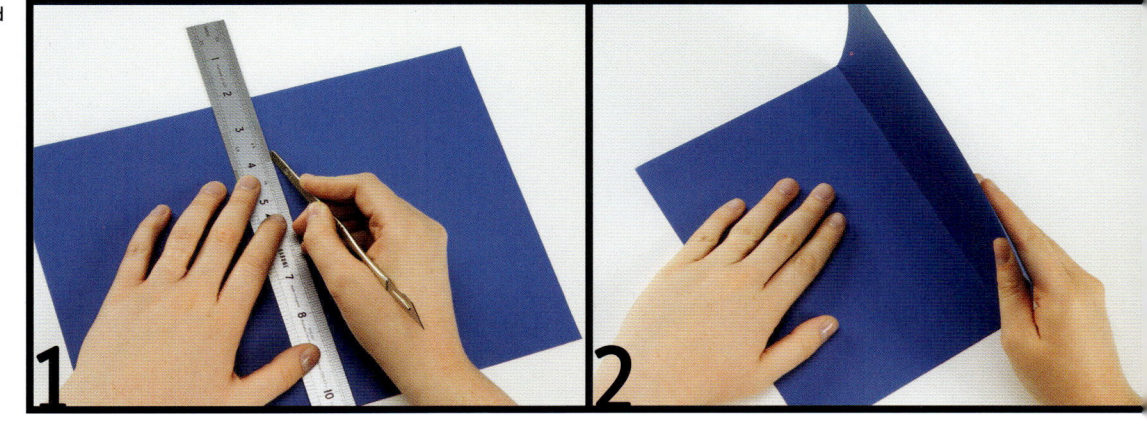

Faltschnitte, einfach und mehrfach gefaltet

SCHICHTEN UND GEGENSCHNITTE

Schichten und Gegenschnitte eignen sich gut dafür, Scherenschnitte um Farben und Tiefe zu ergänzen. Beide Methoden sind erstaunlich einfach und äußerst wirkungsvoll.

SCHICHTEN
Schichten bedeutet genau das, wonach es sich anhört: Das Kunstwerk wird stufenweise aufgebaut, indem eine Schicht über der anderen angebracht wird. Sie können eine unbegrenzte Anzahl an Schichten übereinander anbringen, bis Ihnen das Ergebnis gefällt.

Ein großer Vorteil bei Projekten dieser Art ist, dass sich Fehler in einer Schicht leicht ausbügeln lassen: Dazu kann entweder die nächste Schicht so geändert werden, dass man den Fehler überhaupt nicht mehr sieht, oder die Schicht mit dem Fehler wird erneuert. Es muss nicht der ganze Scherenschnitt neu gemacht werden, wie das in Werken mit nur einer Schicht der Fall ist.

Einige Dinge gilt es trotzdem zu beachten. Erstens wird von hinten nach vorne gearbeitet. Bei einer Landschaft muss die erste Schicht also die Elemente enthalten, die aussehen sollen, als wären sie am weitesten entfernt – z.B. Silhouetten weit entfernter Berge. Danach folgen Elemente in mittlerer Entfernung wie Bäume. Zum Schluss kommen die Details im Vordergrund – und jede Schicht benötigt eine stabile Basis, um sie einfach und präzise auf den darunterliegenden Schichten anbringen zu können. Die Regeln der Perspektive zwingen uns auch dazu, Größe und Farbe der Schichten zu bedenken: Objekte in größerer Ent-

1 ERSTE SCHICHT
Hierbei werden zuerst die Bäume ausgeschnitten, die wirken sollen, als stünden sie am weitesten entfernt. Beachten Sie, dass diese Bäume von hellerer Farbe sind als die der späteren Schichten.

2 ZWEITE SCHICHT
Dann werden die Bäume in mittlerer Entfernung ausgeschnitten. Diese Schicht wird auf die erste geklebt und verdeckt einige Elemente der ersten Schicht zum Teil, um den Eindruck von Tiefe zu verstärken.

3 DRITTE SCHICHT
Um den Eindruck zu vermitteln, sie stünden näher beim Betrachter, sind diese Bäume in einer dunkleren Farbe gehalten und etwas größer als die Bäume der ersten und zweiten Schicht. Die drei Schichten erschaffen gemeinsam die Illusion einer detailreichen Waldlandschaft.

Schichten für Hintergrundfarben nutzen
Diese Methode eignet sich wunderbar für eine Karte, bei der die Hintergrundfarbe durch den Scherenschnitt sichtbar ist. Siehe dazu auch das Geschenkanhänger-Projekt auf den Seiten 72/73.

1 Eine Form in derselben Größe wie das Motiv des Scherenschnitts ausschneiden.

2 Den Scherenschnitt darauf befestigen.

3 Die Karte besteht aus zwei Schichten in aufeinander abgestimmten Farben. Das Motiv eignet sich auch hervorragend für einen Geschenkanhänger.

Schichten und Gegenschnitte

1 Zwei Papierbögen in kontrastierenden Farben wählen, die in etwa gleich schwer sind.

2 Die Papierkanten gut mit Klebeband zusammenkleben, sodass nichts verrutscht.

3 Das Motiv ausschneiden und dabei die ausgeschnittenen Teile aufbewahren.

4 Nach dem Ausschneiden die ausgeschnittenen Formen der beiden Papierbögen tauschen und mit transparentem Klebeband jeweils auf der Rückseite des andersfarbigen Papiers befestigen.

5 Die ausgeschnittenen Formen passen genau in die Ausschnitte und vermitteln so den Eindruck eines einzigen Blattes Papier aus verschiedenen Farben, ähnlich einem Puzzle.

fernung sollten sowohl kleiner als auch von hellerer Farbe sein als die im Vordergrund.

Außerdem muss beachtet werden, wie viel Raum das Kunstwerk bietet. Es kann leicht passieren, dass in der ersten Schicht zu viele Details eingearbeitet werden und sich dann herausstellt, dass kein Platz mehr für weitere Schichten da ist. Bei einem einfachen Wald wirken die einzelnen Schichten recht karg. Erst im Zusammenspiel der einzelnen Schichten entsteht eine ausgewogene und detailreiche Waldlandschaft.

GEGENSCHNITTE

Bei dieser Technik wird gleichzeitig durch zwei Lagen Papier geschnitten und die ausgeschnittenen Stellen dann getauscht. Am besten funktioniert das mit Papier in kontrastierenden Farben. Danach befestigen Sie die ausgeschnittenen Motive mit Klebeband auf der Rückseite Ihres Modells. Nach einer Weile und mit mehr Erfahrung mit dieser Methode können Sie eine dritte, vierte und sogar fünfte Farbe hinzufügen – Ihrer Fantasie sind keine Grenzen gesetzt.

MODELLE MIT GEGENSCHNITT
Mit dieser Methode lässt sich ein Motiv in verschiedenen kontrastierenden Farben ganz einfach wiederholen.

IHR WERK VOLLENDEN

So wird's gemacht

Mit Scherenschnitten lässt sich einiges anfangen – sie können gerahmt oder auf Hintergrundpapier befestigt werden, an der Wand hängen oder in einem Ordner oder einer Schublade landen. Wir empfehlen, sie auszustellen, damit sie gesehen und bewundert werden können.

GERAHMTE KUNST
Durch die richtige Darstellung werden aus einfachen Scherenschnitten schnell professionell wirkende Kunstwerke für ein stilvolles Zuhause.

Wenn Sie Scherenschnitte außer Sicht aufbewahren, sollten Sie immer darauf achten, dass sie ganz flach liegen. Je nach Größe eignen sich Umschläge oder Plastikhüllen zur Aufbewahrung.

Wollen Sie Ihren Scherenschnitt jedoch ausstellen, sollten Sie ihn vorher bügeln. Legen Sie dabei unbedingt ein weißes Blatt Papier jeweils unter und auf den Scherenschnitt und verwenden Sie die niedrigste Stufe Ihres Bügeleisens. Sie dürfen auf keinen Fall mit Dampf arbeiten, das würde den Scherenschnitt ruinieren!

Wenn Sie den Scherenschnitt rahmen möchten, kann es sinnvoll sein, vorher zu entscheiden, welchen Rahmen Sie verwenden wollen, damit der Scherenschnitt später auch wirklich hineinpasst. Die Auswahl an Rahmen ist riesig: Es gibt sie einfach oder verschnörkelt, groß oder klein, mit farbigem oder einfarbigem Hintergrund. Seien Sie also kreativ und überlegen Sie, was am besten zu Ihrem Kunstwerk und Einrichtungsstil passt.

DAS PASSENDE KLEBEMITTEL FINDEN

Häufig soll der Scherenschnitt auf einem zweiten Blatt Papier befestigt werden. Zu diesem Zweck gibt es eine große Auswahl an Klebemitteln mit jeweiligen Vor- und Nachteilen. Die einen heben den Scherenschnitt von der Unterlage ab, andere lassen ihn flach aufliegen. Manche eignen sich besser für Abschnitte mit vielen Details, die zu wenig Fläche bieten, um sie einzeln festzukleben oder Klebepads anzubringen. Überlegen Sie gut, welches Klebemittel Ihrem Projekt am besten gerecht wird.

SPRÜHKLEBER
Mit Sprühkleber liegt der Scherenschnitt flach auf dem Hintergrund auf. Der Klebstoff lässt sich ganz einfach gleichmäßig auf dem Scherenschnitt verteilen, ohne dass er auf die sichtbare Seite des Scherenschnitts gerät. Lesen Sie die Anleitung sorgfältig und arbeiten Sie nur in gut belüfteten Räumen mit Sprühkleber.

KLEBESTIFTE UND BASTELKLEBER AUF WASSERBASIS
Klebestifte sind praktisch, weil ein paar Punkte Klebstoff auf der Rückseite ausreichen, um ein Kunstwerk zu fixieren. Verwenden Sie Klebemittel auf Wasserbasis und andere flüssige Klebstoffe sparsam: Das Papier darf nicht feucht werden, sonst wellt sich der Scherenschnitt und ist ruiniert. Arbeiten Sie bei Abschnitten mit vielen kleinen Details besonders sorgfältig, denn hier besteht die Gefahr, dass Klebstoff über den Rand des Papiers tritt und so sichtbar wird.

KLEBEPADS
Wenn der Scherenschnitt sich leicht von seinem Hintergrund abheben soll, können Sie dafür Klebepads oder Klebepunkte verwenden. Sie eignen sich besonders für Grußkarten und Geschenkanhänger und die Pads können in jede beliebige Größe geschnitten werden. Wenn Sie die Pads in sehr kleine Teile schneiden oder Klebepunkte verwenden, kann eine Pinzette nützlich sein, um sie an die richtige Stelle zu legen.

DOPPELSEITIGES KLEBEBAND
Doppelseitiges Klebeband gibt es meistens auf Rollen mit unterschiedlicher Breite. Sie können es passend für Ihren Zweck zuschneiden. Der Gebrauch ist ähnlich wie bei Klebepads, nur dass der Scherenschnitt hier nicht von seinem Hintergrund abgehoben wird.

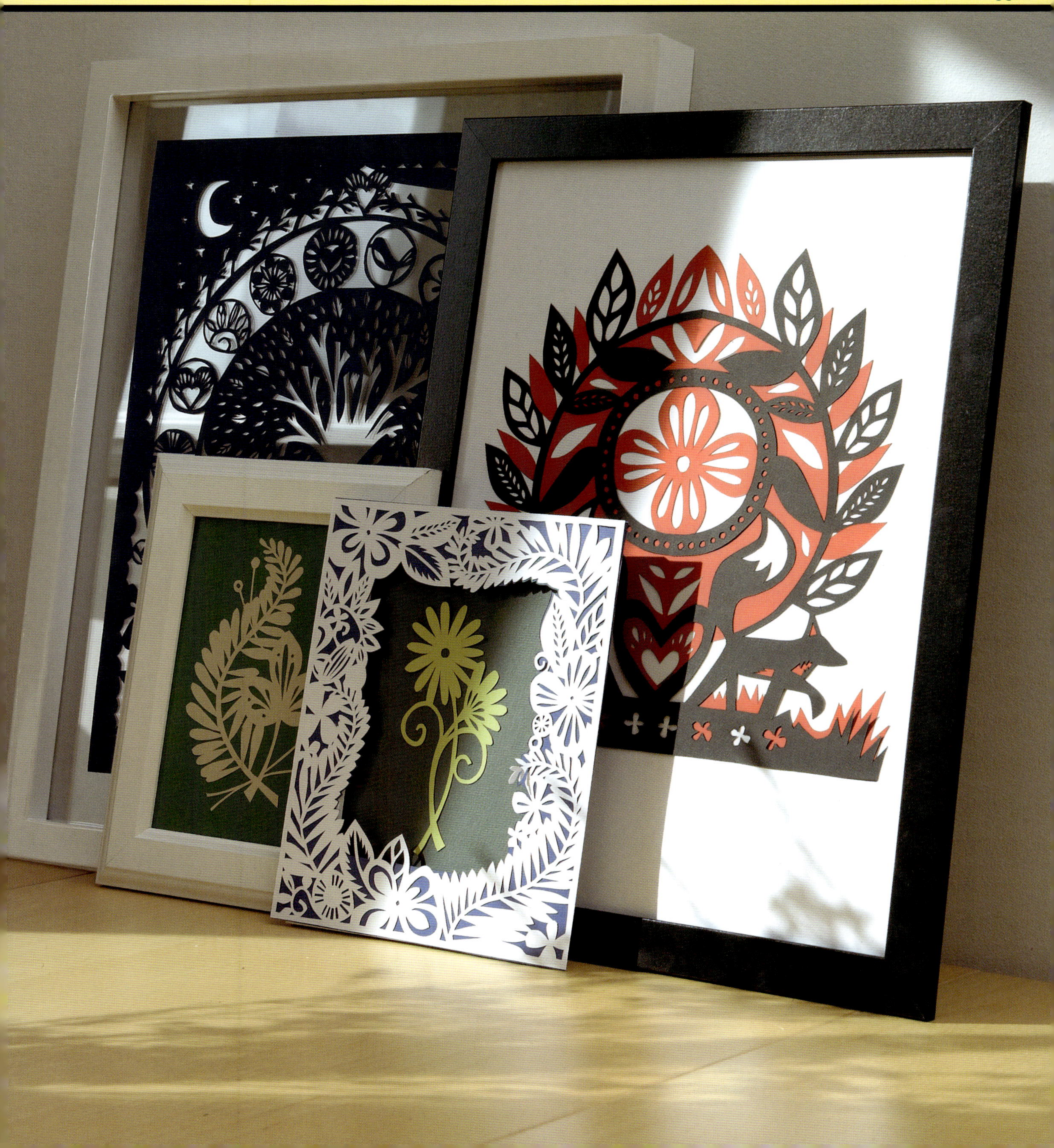

3

SCHERENSCHNITTE ENTWERFEN

INSPIRATION

Wirklich alles kann als Inspiration dienen, aber häufig fällt es schwer, einen Anfang zu finden. Wir haben dazu einige Ideen zusammengetragen.

Für den Anfang ist der beste Rat: Konzentrieren Sie sich auf Dinge, die Ihnen gefallen. Sammeln Sie Bilder, Stoffreste, Farbmuster, Blätter und Blumen sowie Werke anderer Künstler. Wenn Sie über eine gute Auswahl verfügen, versuchen Sie herauszufinden, ob sich ein bestimmtes Thema durchzieht. Sie werden möglicherweise feststellen, dass Sie sich von bestimmten Farben, Objekten oder Mustern angezogen fühlen. Wenn Sie einmal Ihre Vorliebe entdeckt haben, können Sie sie in Ihren eigenen Scherenschnitt umsetzen.

Eine gute Methode, Ideen zu sammeln, ist es, Ihre Stimmungen auf einem „Moodboard" festzuhalten. Damit lassen sich alle möglichen Arten kreativen Ausdrucks sammeln und Sie können auf einen Blick die Stimmung, Farben und Themen erfassen, denen Sie in Ihrer Arbeit Ausdruck verleihen werden. Diese werden sich zwar mit der Zeit weiterentwickeln und verändern, es kann aber trotzdem sinnvoll sein, während der Schaffensphase immer mal wieder einen Blick auf Ihr Moodboard zu werfen.

Lassen Sie sich auch von den Arbeiten anderer Scherenschnittkünstler inspirieren, deren Werk Ihnen gefällt, sowohl den klassischen als auch den modernen. Suchen Sie nach Farben und Themen, die Teil Ihres Werks werden sollen. Auch die Natur hat viel zu bieten – Blüten, Blätter und Halme – und kann Ihrem Werk wunderschöne natürliche Linien verleihen.

Je weiter Sie sich umschauen, desto mehr öffnen Sie sich unterschiedlichen Einflüssen und Ideen und desto besser wird Ihre Arbeit werden. Lassen Sie Ihrer Fantasie freien Lauf und denken Sie nicht daran, was andere denken könnten. Ihre Inspiration darf ruhig sehr persönlich sein und widerspiegeln, was Ihnen gefällt und Sie zum Lächeln bringt.

Tipp:
Nicht immer und überall ist es machbar, ein Skizzenbuch mit sich herumzutragen. Ein Foto mit der Kamera oder dem Mobiltelefon ist dagegen schnell gemacht und lässt sich ganz einfach in das Skizzenbuch kleben oder am Moodboard befestigen. Farbkombinationen in einem Schaufenster, Graffiti an einer Hauswand, Blätter vor dem leuchtend blauen Himmel im Park, die Umrisse einfacher Gegenstände des Alltags – wirklich alles eignet sich als Auslöser für eine kreative Idee.

INSPIRATIONEN SAMMELN
Suchen Sie nach Farben, Mustern, Formen, Künstlern und Themen, die Sie inspirieren, und nutzen Sie sie bei der Entwicklung eigener Ideen.

Making the everyday Magical

OHNE VORLAGE

Wenn Sie die Grundlagen des Scherenschnitts mithilfe der Vorlagen dieses Buchs beherrschen, können Sie anfangen, eigene Entwürfe anzufertigen. Lassen Sie Ihrer Fantasie freien Lauf: Alles ist möglich!

Je mehr Zeit Sie auf die Planung und das Design Ihres Werks verwenden, desto besser wird es Ihnen am Ende gefallen. Und Sie werden mit der Zeit Ihren eigenen Stil entwickeln. Zwar braucht es dazu Zeit, aber je mehr Sie sich mit Ihrem Werk beschäftigen, desto mehr werden Sie Ihre Richtung finden.

Ein guter Anfang bei der Arbeit ohne Vorlage ist, ein Motiv auszuschneiden, ohne es vorher aufzuzeichnen. Zum Üben eignen sich Haushaltsgegenstände, eine Silhouette oder eine einfache Blume. Schere oder Cutter werden zu Ihrem Zeichengerät. Bei dieser Art des Schneidens schaffen Sie sehr unterschiedliche Ergebnisse, es entsteht jedes Mal etwas Neues. Möglicherweise ist Ihr Motiv am Ende deutlich stärker vereinfacht, als es eine Zeichnung wäre; so erhalten die Scherenschnitte den Anschein naiver Kunst. Für diese Technik bedarf es einiger Übung und die ersten Versuche werden möglicherweise nicht nach viel aussehen, Ihr Stil wird jedoch viel flüssiger. Außerdem erfahren Sie auf diese Art viel über Größen, Perspektiven, Linien und Formen und lernen, genau darauf zu achten, was Sie da schneiden. Auf der rechten Seite sind die Schritte abgebildet, die Teil des Schneidens ohne Vorlage sind. Anfangs gilt die Konzentration dem Umriss, die Details folgen später.

EINEN EIGENEN STIL ENTWICKELN
Entwerfen Sie doch ein paar Scherenschnitte zu einem bestimmten Thema, um daraus Ihren eigenen Stil zu entwickeln. Dabei können Sie mit Schere, Cutter und Papier verschiedenen Gewichts experimentieren und sogar Faltschnitte mit einbeziehen.

Ohne Vorlage

1 Ein einfaches Objekt als Vorlage für den Scherenschnitt suchen, in einem geeigneten Blickwinkel platzieren und mit dem Schneiden beginnen. Stets mit den Umrissen beginnen. Die Schere wie einen Bleistift verwenden, den Krug als Umriss „zeichnen".

2 Weiter schneiden und dabei die ausgeschnittene Form mit dem Objekt vergleichen.

ÜBUNG MACHT DEN MEISTER
Je mehr Sie üben, desto wohler werden Sie sich mit der Schere fühlen und desto einfacher wird Ihnen das Ausschneiden fallen.

3 Der Umriss ist fertig.

4 Mit der Schere einstechen und den Griff ausschneiden.

5 Den Griff fertigstellen, damit ist die Grundform fertig.

6 Die Schnittkanten des Scherenschnitts innen und außen versäubern, sodass sie grafisch wirken.

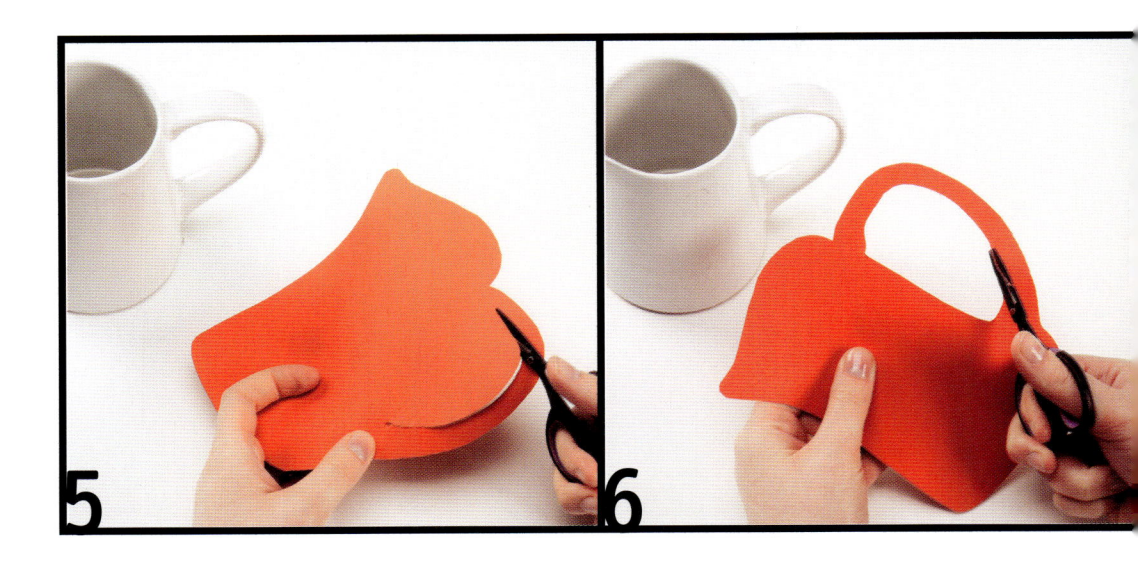

POSITIV- UND NEGATIVSCHNITT

Das Verständnis für positive und negative Elemente ist beim Entwerfen eigener Scherenschnitte besonders wichtig, es handelt sich um das Grundprinzip des Scherenschnitts.

Scherenschnitte entstehen, indem ein Blatt Papier entzweigeschnitten wird – in einen Positiv- und einen Negativschnitt. Das Papier, das wir aus dem Blatt entfernen, ist der Positivschnitt, der zurückgelassene leere Raum der Negativschnitt.

Bei einem Positivschnitt wird all das entfernt, was nicht Teil des Motivs ist. Bei einem Negativschnitt handelt es sich bei dem Ausgeschnittenen um das Motiv. Mit der Kombination positiver und negativer Elemente in einem Projekt erzielen Sie wunderschöne, raffinierte Effekte.

Sie können Positiv- und Negativschnitte auch dadurch erzielen, dass Sie Papier in zwei Farben gleichzeitig ausschneiden, und die ausgeschnittenen Stellen tauschen und dann sorgfältig wieder zusammensetzen. So entstehen zwei entgegengesetzte Scherenschnitte (siehe dazu Gegenschnitte, Seite 31).

Wenn Sie bei sehr detaillierten Motiven sowohl den Positiv- als auch den Negativschnitt aufbewahren möchten, achten Sie darauf, wirklich alle Teile, auch die allerkleinsten, sorgfältig zu verwahren. Ist der Scherenschnitt fertig, legen Sie alle Teile, die Sie aus dem Positivschnitt entfernt haben, in den negativen Raum, der im Papier hinterlassen wurde. Da die Teile nicht zusammenhängen, müssen Sie sie auf einen Hintergrund kleben, um sie zu fixieren. Die blaue Feder in der Abbildung unten dient als Beispiel.

Negativschnitt

PLAKATIVE DESIGNS
Neben komplexeren Motiven bilden auch einige relativ einfache, eingängige Formen tolle Positiv- und Negativschnitte.

Positivschnitt

Negativschnitt

Positivschnitt

POSITIVE FORM, NEGATIVER RAUM
Die ausgeschnittene blaue Feder (links) ist das positive Element. Nachdem Ausschneiden haben Sie zum einen die losen, kleinen Ausschnitte aus der ausgeschnittenen Feder und zum anderen eine federförmige Aussparung im Papier. Um den Negativschnitt (ganz links) zu vollenden, kleben Sie den Scherenschnitt auf einen Hintergrund und befestigen Sie die kleinen Teile an ihrer ursprünglichen Position auf dem Hintergrund. Die rot umrandeten Abschnitte in der Abbildung zeigen die Details, die aus dem Positivschnitt ausgeschnitten wurden und dann wieder in den Negativschnitt geklebt wurden, um das Motiv zu vervollständigen.

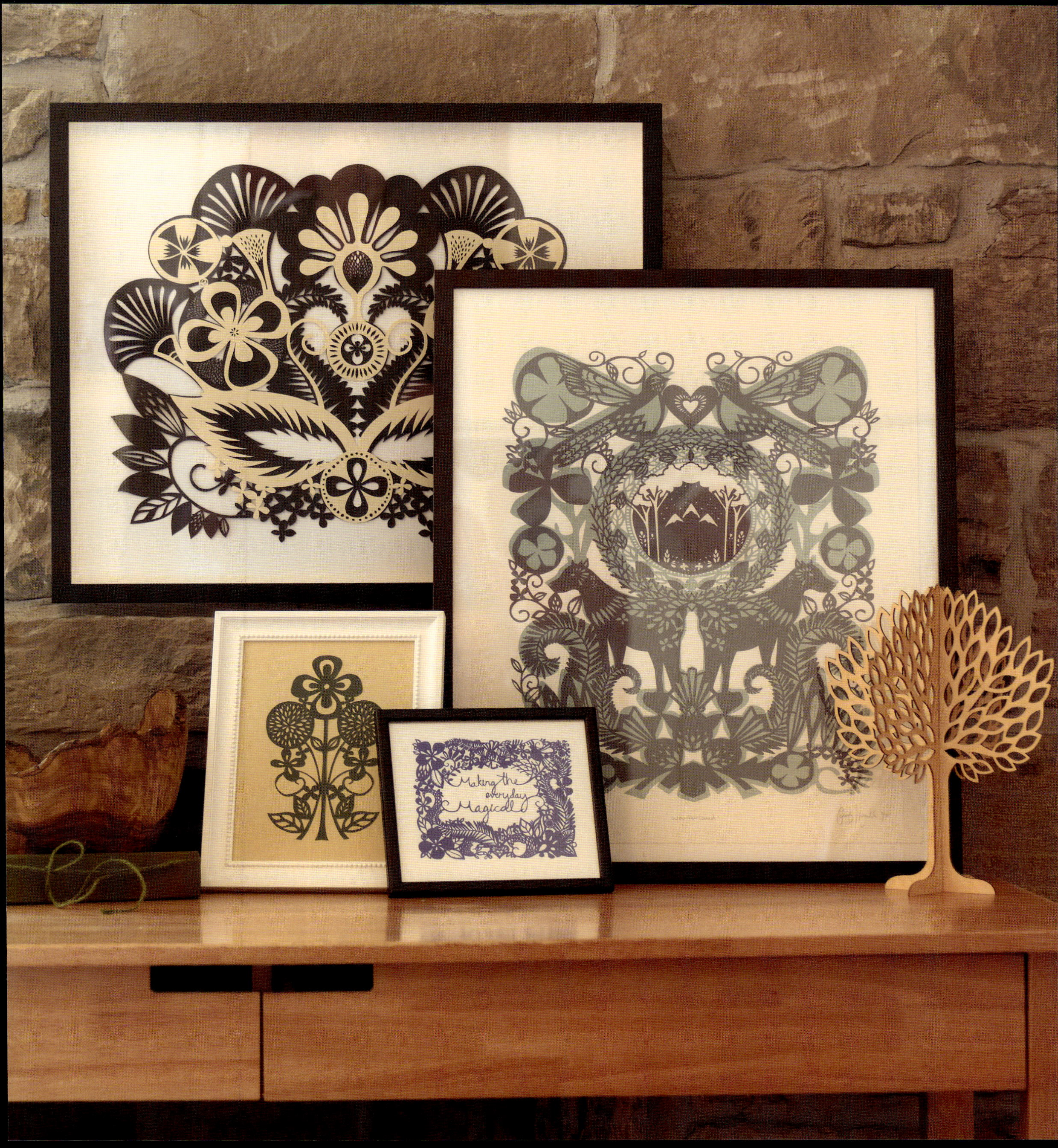
Making the everyday Magical

SPIEGELVERKEHRT DENKEN

Der fertige Scherenschnitt ist seitenverkehrt zu Ihrer Vorlage. Sie müssen also beim Erstellen der Vorlage „spiegelverkehrt denken", um etwas zu zeichnen, das im fertigen Scherenschnitt richtigherum erscheint.

Wenn Sie Ihre eigenen Scherenschnitte entwerfen, ist der fertige Scherenschnitt immer die seitenverkehrte Version Ihrer Entwurfszeichnung. Das liegt daran, dass Sie auf die Rückseite des Scherenschnittpapiers zeichnen, damit auf der Vorderseite des fertigen Scherenschnitts keine Bleistiftspuren zu sehen sind. Erst wenn Sie den Scherenschnitt fertig ausgeschnitten haben, drehen Sie das Papier um und sehen das endgültige Muster. Mal sieht es ganz anders aus als gedacht, während es ein andermal genauso wirkt, wie Sie es sich vorgestellt haben.

Wenn Sie wissen wollen, wie Ihr Entwurf aussehen wird, verwenden Sie eine Vorlage. Wenden Sie sie vor dem Übertragen, sodass das Muster, das Sie auf die Rückseite des Papiers zeichnen, seitenverkehrt ist. So erhalten Sie später einen Scherenschnitt, der genauso aussieht wie die Vorlage.

BUCHSTABEN UND ZIFFERN

Spiegelverkehrt denken ist besonders dann wichtig, wenn Ihr Muster Buchstaben und Ziffern enthalten soll, da Sie diese spiegelverkehrt aufschreiben müssen. Dies erfordert ein wenig Übung, aber mit der Zeit wird es einfacher.

RICHTUNGSÄNDERUNG
Auf die Rückseite des Blattes gezeichnet (links) ist die größte Blüte des Motivs in der oberen linken Ecke. Wird nach dem Ausschneiden (rechts) jedoch das Papier umgedreht, befindet sich die größte Blüte in der oberen rechten Ecke. Solche Richtungsänderungen können einen dramatischen Effekt auf die Stimmung eines Kunstwerks haben.

Tipp:
- Bevor Sie etwas spiegelverkehrt aufschreiben, prüfen Sie unbedingt die Rechtschreibung!
- Auch der Abstand zwischen den Buchstaben will bedacht sein. Die Buchstaben sollten nicht zu nah aufeinander folgen, das macht das Ausschneiden unnötig schwer. Stehen sie aber zu weit auseinander, sind Wörter schwer zu lesen. Es gibt hierbei keine feste Regel, spielen Sie einfach mit den Buchstaben: kleine oder große Schrift, Druck- oder Schreibschrift, Klein- oder Großbuchstaben.

SPIEGELVERKEHRT SCHREIBEN
Versuchen Sie, beim Schreiben nicht an das ganze Wort zu denken, sondern nur an die Form des einzelnen Buchstaben und wie sich dieser am besten umdrehen lässt.

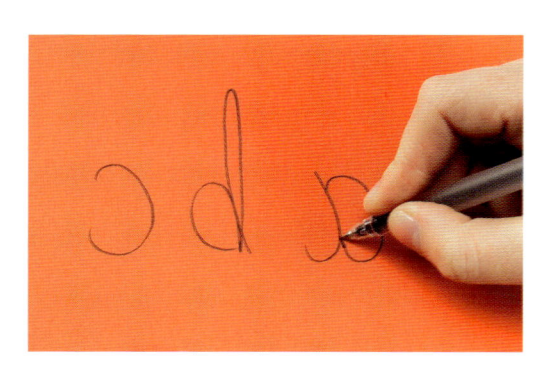

Planen Sie für ein Muster, das Text oder Ziffern enthalten soll, was Sie schreiben möchten, und schreiben Sie es zunächst auf ein separates Blatt Papier. Danach schreiben Sie es erneut – aber diesmal seitenverkehrt. Betrachten Sie nur den einzelnen Buchstaben oder die Ziffer und was darauf folgt, anstatt darüber nachzudenken, was Sie schreiben. Sie werden feststellen, dass seitenverkehrt zu schreiben von rechts nach links leichter fällt.

Nachdem Sie den Text seitenverkehrt aufgeschrieben haben, prüfen Sie mit einem Spiegel, ob alles seine Richtigkeit hat. Im Spiegel sollte das Geschriebene richtig aussehen. Verwenden Sie den seitenverkehrten Text als Referenz und kopieren Sie ihn auf Ihr Muster.

Außerdem gilt es, das umschlossene Innere in einigen Buchstaben zu beachten, wenn Sie Text und Ziffern im Scherenschnitt verwenden. Bei einem Positivschnitt ist das kein Problem. Planen Sie jedoch einen Negativschnitt, muss das Innere der Buchstaben entweder nachträglich hinzugefügt oder weggelassen werden. Sie werden feststellen, dass viele Scherenschnittkünstler, die Text verwenden, das Innere der Buchstaben weglassen. Dies kann Ihrer Arbeit eine ganz eigene Qualität verleihen, es lohnt sich daher, es zu versuchen.

DIE ARBEIT ÜBERPRÜFEN
Prüfen Sie mit einem Spiegel, wie Ihre Buchstaben oder Ziffern im fertigen Scherenschnitt aussehen.

Positivschnitt Negativschnitt

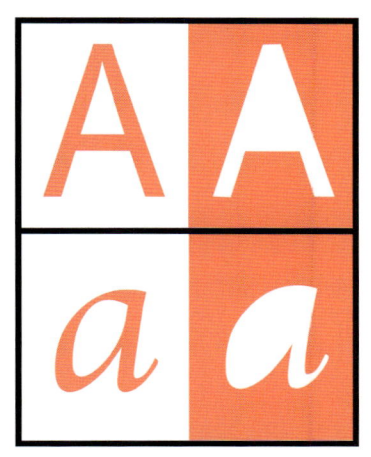

DAS INNERE DER BUCHSTABEN
In dem hier abgebildeten Negativschnitt wird das Innere der Buchstaben entweder weggelassen, oder nachträglich sorgfältig eingeklebt. Im Positivschnitt bleibt es dagegen bestehen.

ALPHABET
Dieses Alphabet kann beim seitenverkehrten Schreiben als Referenz dienen. Man bringt die Buchstaben sonst leicht durcheinander. Um es als Vorlage zu verwenden, können Sie es aus dem Buch kopieren oder abpausen und dann die Buchstaben, die Sie brauchen, mit Kohlepapier auf Ihr Muster übertragen (siehe dazu Seite 26).

4

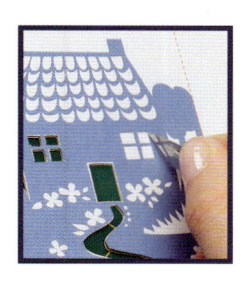

PROJEKTE

KARTE MIT BLUMENMUSTER, EINFACH GEFALTET

Mit diesem Projekt können Sie Freunden und der Familie ihren persönlichen Scherenschnitt zuschicken – eine wunderbare Idee als Geburtstags- oder Dankeskarte oder als einfache Grußkarte. Durch den breiten Rand wird der Scherenschnitt verstärkt und die Karte stabiler.

Werkzeug
- Cutter und Klingen
- Schneideunterlage
- Metalllineal
- Transparentes Klebeband
- Bleistift
- Falzbein
- Doppelseitiges Klebeband

Material
- Vorlage 1 auf Seite 95
- Dünnen Fotokarton
- Papier in Kontrastfarben

Material wählen
Fertigen Sie die Karte in der gewünschten Größe: Eine Karte mit den Maßen 15 cm x 10 cm passt in einen Standardumschlag. Das Modell sollte aufgestellt werden können, verwenden Sie also dünnen Fotokarton statt Papier. Für die Einlageseite können Sie gemustertes Papier oder Papier in einer kontrastierenden Farbe nehmen.

1 Die Vorlage 1 auf Seite 95 ausschneiden. Soll die Vorlage mehrmals verwendet oder vergrößert werden, einfach kopieren oder abpausen, wie auf Seite 26 beschrieben.

2 Dünnen Fotokarton so ausschneiden, dass er genauso hoch ist wie die Vorlage, aber doppelt so breit. Nachdem der Scherenschnitt fertig ist, wird der Karton in der Mitte gefaltet, so entsteht die Karte. Wenn das Muster ein eigenständiges Kunstwerk werden soll, den Fotokarton in der Größe der Vorlage ausschneiden.

3 Die Vorlage mit transparentem Klebeband auf der rechten Seite des Fotokartons anbringen.

4 Die weißen Abschnitte der Vorlage auf einer Schneideunterlage mit einem Cutter ausschneiden, dabei durch beide Lagen schneiden (siehe Seite 25). Die Abschnitte, die schwieriger zu schneiden sind, sind in dem Bild links unten hervorgehoben. Diese Stellen verbinden das Muster mit dem Rand, lassen Sie sich dabei also Zeit.

MIT BEDACHT ARBEITEN
Die roten Kreise zeigen die schwierigen Bereiche an. An diesen schmalen Stellen ist der Scherenschnitt mit dem Kartenrand verbunden.

SCHWIERIGKEITSGRAD

Karte mit Blumenmuster

5 Die Mitte der Karte am oberen und am unteren Rand leicht mit einem Bleistift markieren. Das Metalllineal an diesen Markierungen anlegen und das Falzbein oder den Cutter vorsichtig daran entlangführen, um den Fotokarton leicht einzukerben; dabei nicht durch den Karton schneiden (siehe Seite 29). Die Karte entlang der Kerbe falten und mit einem Finger oder dem runden Ende des Falzbeins den Falz nachfahren, um eine scharfe Kante zu erhalten.

6 Als Nächstes die Einlageseite fertigen: Dazu Papier in einer anderen Farbe verwenden, um einen Kontrast zu bilden. Ein Stück Papier ausschneiden, das nur unwesentlich kleiner ist als die Karte. Das Papier in der Mitte falten und überprüfen, ob es auch genau passt. (Wenn nötig ein Stück von der Kante abschneiden.)

FARBENSPIEL
Experimentieren Sie mit verschiedenen Farbkombinationen, um eine Karte zu schaffen, die individuell auf ihren Empfänger abgestimmt ist.

7 Etwas doppelseitiges Klebeband abschneiden und auf der Rückseite der Einlageseite am Falz anbringen. Die Folie von dem doppelseitigen Klebeband entfernen und die Einlageseite in die Karte kleben; dabei liegt der Falz der Einlageseite exakt auf dem Innenfalz der Karte.

KARTE MIT BLUMENMUSTER
Jetzt ist die Karte fertig für Ihre Nachricht und Sie können sie verschicken.

KARTE MIT GARTEN, ZIEHHARMONIKAFALTUNG

Inspiration für diese Karte waren das Landhaus meiner Großmutter und die Sommer, die ich dort verbrachte. Mit der Ziehharmonikafaltung gewinnt die Karte an Tiefe und wird zu einer dreidimensionalen Szene. Achten Sie beim Entwurf eines Motivs für die Ziehharmonikafaltung auf die Verteilung der einzelnen Ebenen und belassen Sie die letzte Seite möglichst intakt, um dort eine Nachricht unterbringen zu können.

Werkzeug
- Cutter und Klingen
- Schneideunterlage
- Metalllineal
- Transparentes Klebeband
- Falzbein

Material
- Vorlage 14 auf Seite 106
- Dünnen Fotokarton, Vorder- und Rückseite in verschiedenen Farben

Material wählen
Das Modell sollte aufgestellt werden können, verwenden Sie also dünnen Fotokarton statt Papier. Am besten kaufen Sie Fotokarton, der auf einer Seite weiß ist. So dient die weiße Seite als Kontrast.

1 Vorlage 14 auf Seite 106 ausschneiden. Soll die Vorlage mehrmals verwendet oder vergrößert werden, einfach kopieren oder abpausen, wie auf Seite 26 beschrieben.

2 Mit Cutter und Metalllineal den Fotokarton auf der Schneideunterlage in der Größe der Vorlage zuschneiden.

3 Die Vorlage mit Klebeband auf dem Fotokarton befestigen, dabei die Ränder exakt aufeinanderlegen.

4 Den Fotokarton entlang der Mittellinie der Vorlage nach innen falten und dann an den anderen beiden gestrichelten Linien zu einer Ziehharmonika falten (oder in Viertel falten, wenn nicht mit der Vorlage gearbeitet wird). Mit den Fingern oder dem Falzbein die Ränder sorgfältig glattdrücken (siehe Seite 29).

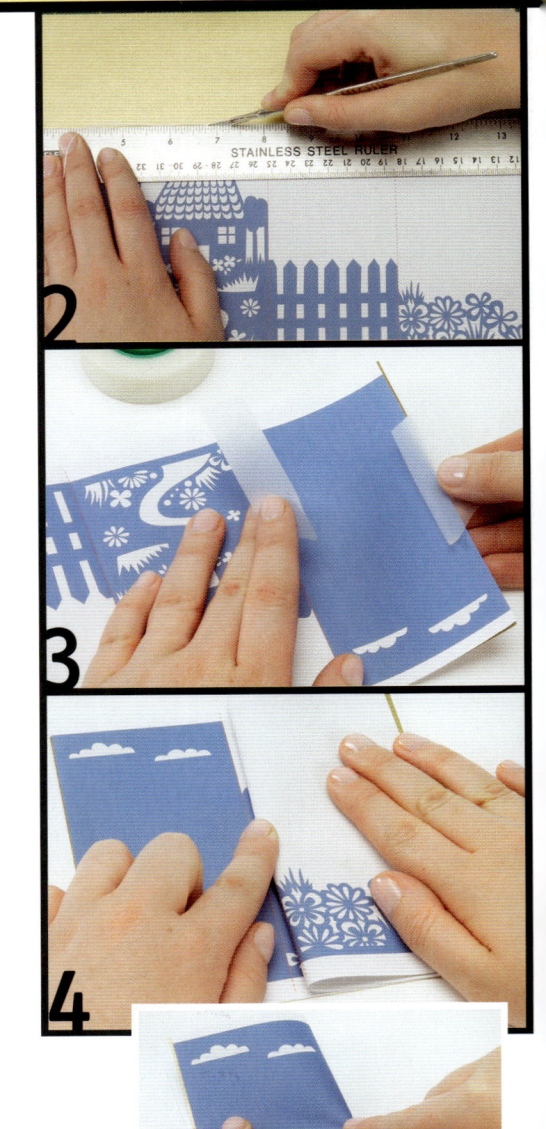

MIT BEDACHT ARBEITEN
Die roten Kreise zeigen die schwierigen Bereiche an. An diesen Stellen wird die Karte gefaltet, schneiden Sie also möglichst nicht über den Falz.

SCHWIERIGKEITSGRAD ✂✂

49

Karte mit Garten, Ziehharmonikafaltung

5 Den Fotokarton auffalten. Mit einem Cutter die weißen Stellen der Vorlage auf einer Schneideunterlage ausschneiden, dabei auch durch den Karton schneiden (siehe Seite 25). An den Falzen besonders sorgfältig arbeiten, da diese stärker beansprucht werden und leicht reißen können.

6 Die Vorlage entfernen und den Karton wieder in die Ziehharmonikafaltung bringen. Da die Falze in Schritt 4 vorgefaltet wurden, sollte dies nicht schwer sein.

7 Die Karte aufstellen, um sie in ihrer ganzen Pracht zu betrachten. Schreiben Sie Ihre Nachricht auf die Rückseite hinter dem Haus, sodass man sie von vorne nicht sieht. Alternativ die Nachricht auf die allerletzte Seite schreiben.

AUFGESTELLT
Aufgestellt entsteht eine wunderschön vielschichtige, dreidimensionale Szene.

KARTE MIT VOLKSTÜMLICHEM MOTIV, ALTARFALTUNG

Bei dieser Karte habe ich mich von traditionellen Scherenschnittmustern inspirieren lassen. Die Karte öffnet von der Mitte nach außen und eignet sich sehr gut als Einladung oder Menükarte für ein Abendessen. Beschriften Sie sie per Hand oder drucken Sie den Text aus und befestigen Sie ihn mit doppelseitigem Klebeband oder einem Klebestift im Inneren der Karte.

Werkzeug
- Cutter und Klingen
- Schneideunterlage
- Metalllineal
- Falzbein
- Transparentes Klebeband
- Sprühkleber
- Klebestift (nach Wunsch)

Material
- Vorlage 3 auf Seite 97
- Dünnen Fotokarton
- Papier in Kontrastfarben für die Einlageseite
- Dünnes Dekoband (nach Wunsch)

Material wählen
Das Modell sollte aufgestellt werden können, daher sollten Sie statt Papier dünnen Fotokarton verwenden. Er darf nicht zu dick sein, weil Sie ihn in Abschnitte falten müssen. Für die Einlageseite können Sie gemustertes Papier oder Papier in einer kontrastierenden Farbe nehmen.

1 Vorlage 3 auf Seite 97 ausschneiden. Sie besteht aus zwei Teilen. Soll die Vorlage mehrmals verwendet oder vergrößert werden, einfach kopieren oder abpausen, wie auf Seite 26 beschrieben.

2 Aus dem Fotokarton ein Stück ausschneiden, das genauso hoch ist wie die Vorlage, aber sechsmal so breit.

3 Mit dem Falzbein und dem Metalllineal (siehe Seite 29) den Fotokarton entlang der gestrichelten Linien B und C in drei Teile einkerben und dann falten (siehe Wie falten? auf der nächsten Seite). Jede der Klappen dann entlang der Linien A und D erneut in der Mitte einkerben und falten.

4 Die Karte auseinanderfalten. Die Vorlagen mit Klebeband auf den Flügeln rechts und links des Hauptflügels zwischen den Linien A und B sowie C und D anbringen. Achten Sie darauf, dass die Schwäne nicht zueinander zeigen, sondern nach außen.

MIT BEDACHT ARBEITEN
Die roten Kreise zeigen die Abschnitte, die schwieriger zu schneiden sind. Das Motiv wird zum Schluss an den Rändern gefaltet, schneiden Sie also möglichst nicht über den Falz.

5 Mit einem Cutter die weißen Stellen der Vorlage auf einer Schneideunterlage ausschneiden, dabei auch durch den Karton schneiden (siehe Seite 25). An den Rändern des Motivs besonders sorgfältig arbeiten, da dies die Faltkanten der Karte sind, die das Motiv mit dem Hauptteil der Karte verbinden. Die Vorlagen entfernen.

SCHWIERIGKEITSGRAD ✂✂

6 Als Nächstes die intakten äußeren Klappen der Karte abmessen und nach diesen Abmessungen zwei Einlageseiten aus Papier in einer anderen Farbe ausschneiden.

FÜR JEDEN ANLASS
Entwerfen Sie ungewöhnliche Grußkarten oder wählen Sie die Farben passend zu Ihren Partyplänen und erstellen Sie so hübsche, persönliche Einladungen oder Menükarten.

7 Die Einlagen mit Sprühkleber oder einem Klebestift auf die äußeren Klappen der Karte kleben.

8 Die Rückseiten der ausgeschnittenen Klappen mit Klebstoff einsprühen. Das gestaltet sich schwierig, da der Klebstoff nirgends sonst hingelangen darf. Daher alle anderen Bereiche vorher mit Papier abdecken.

9 Die Klappen nach innen falten, sodass sie die Rückseite der Scherenschnitte bedecken. Durch die vorher mit dem Falzbein gebildeten Kerben gelingt dies einfacher. Die Klappen fest andrücken, damit sie auch halten.

10 Dann die Klappen wieder nach innen falten, sodass sie in der Mitte aufeinandertreffen. Den letzten Schliff erhält die Karte durch ein Stück Dekoband, das mittig um die Karte gewickelt die Karte geschlossen hält.

WIE FALTEN?
Den Karton erst an den Punkten B und C dritteln und dann die äußeren Klappen an A und D falten. So lassen sich die Vorlagen exakt positionieren.

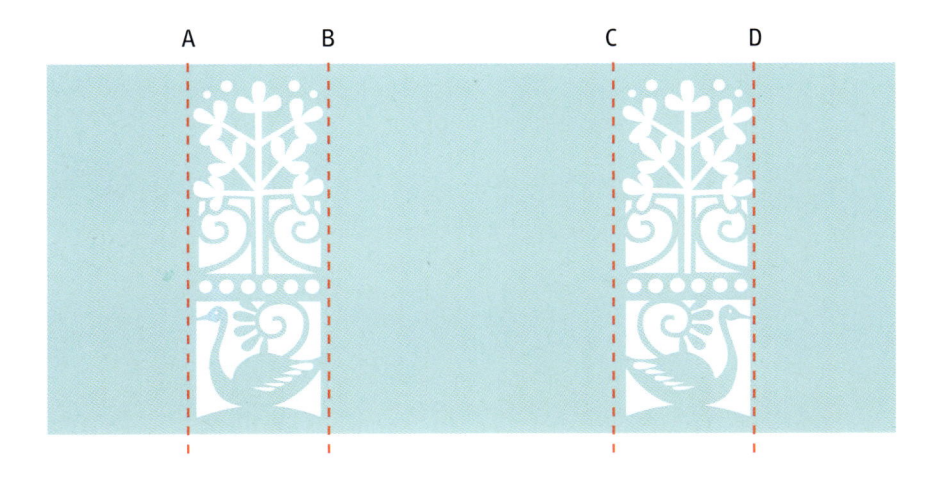

A B C D

Karte mit volkstümlichem Motiv, Altarfaltung

KARTE MIT TURTELTAUBEN

Warum nicht eine moderne Interpretation eines klassischen Faltschnitts schneiden? Das symmetrische Muster der kleinen Turteltauben entlockt mit Sicherheit jedem Empfänger ein Lächeln. Ich habe das Motiv flach aufgeklebt, Sie könnten aber auch Klebepunkte verwenden, damit es dreidimensional wirkt. Achten Sie dabei darauf, dass die Klebepunkte nicht durch den Scherenschnitt durchscheinen.

Werkzeug
- Cutter und Klingen
- Schneideunterlage
- Metalllineal
- Transparentes Klebeband
- Klebestift
- Sprühkleber
- Falzbein (nach Wunsch)

Material
- Vorlage 9 auf Seite 101
- Scherenschnittpapier
- Fotokarton mittlerer Stärke
- Papier in Kontrastfarben

Material wählen
Achten Sie bei der Wahl des Papiers und der Karte für dieses Projekt darauf, welche Farben Sie wählen.
Kontrastfarben für das Motiv und den Kreis bringen den Scherenschnitt am besten zur Geltung. Das Modell soll aufgestellt werden können, verwenden Sie also Fotokarton mittlerer Stärke statt Papier.

1 Vorlage 9 auf Seite 101 ausschneiden. Soll die Vorlage mehrmals verwendet oder vergrößert werden, einfach kopieren oder abpausen, wie auf Seite 26 beschrieben.

2 Ein Blatt Papier doppelt so groß wie die Vorlage zuschneiden.

3 Das Papier in der Mitte falten und die Vorlage mit Klebeband so darauf befestigen, dass die gestrichelte Linie auf dem Falz liegt.

4 Mit einem Cutter die weißen Stellen der Vorlage auf einer Schneideunterlage ausschneiden, dabei auch durch das Papier schneiden (siehe Seite 25). Bereiche, die besonders filigran und dadurch schwieriger zu schneiden sind, sind auf der Abbildung unten links blau markiert. Diese Stellen verbinden das Motiv über den Falz hinweg; achten Sie darauf, sie nicht durchzuschneiden.

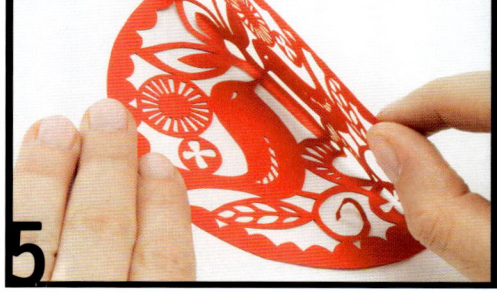

MIT BEDACHT ARBEITEN
Die blauen Kreise markieren die Bereiche, die beim Schneiden am knifflichsten sind. Achten Sie darauf, den Falz nicht zu zerschneiden, weil der Scherenschnitt dann nach dem Auffalten auseinanderfällt.

5 Die Vorlage entfernen und den Scherenschnitt auffalten. Jetzt kann der Scherenschnitt gebügelt werden, bevor er auf der Karte angebracht wird (siehe Seite 32). Wenn das Motiv mit Klebstoff flach auf der Vorderseite einer Karte befestigt wird, ist dieser Schritt nicht so wichtig.

SCHWIERIGKEITSGRAD ✂

53

Karte mit Turteltauben

6 Ein Quadrat abmessen, das so um den Scherenschnitt passt, dass an den Seiten viel Platz bleibt. Dann ein Rechteck aus einem andersfarbigen Karton ausschneiden, das doppelt so breit wie das Quadrat ist.

7 Den Karton in der Mitte zu einer Klappkarte falten. Dazu kann ein Falzbein verwendet werden.

8 Den Scherenschnitt auf ein weiteres Blatt Papier legen (ich habe weiß verwendet) und einen Kreis darum zeichnen. Den Kreis ausschneiden und mit dem Klebestift mittig auf die Vorderseite der Karte kleben.

9 Sprühkleber auf der Rückseite des Scherenschnitts anbringen und warten, bis er klebrig wird. Dann den Scherenschnitt auf den Kreis auf der Vorderseite der Karte kleben.

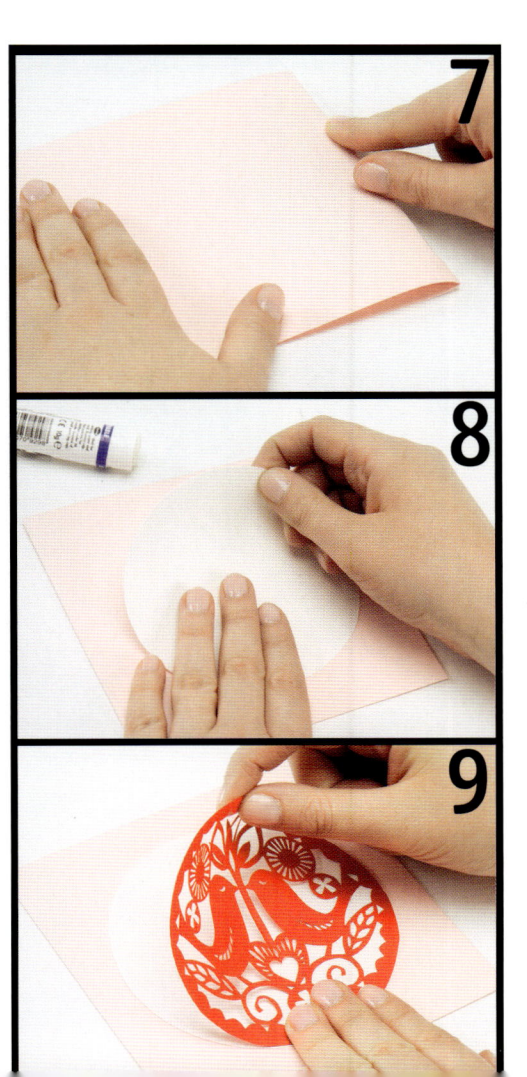

TURTELTAUBEN
Turteltauben sind das ideale Motiv für eine selbstgemachte Karte zum Valentinstag, egal in welcher Farbe.

KARTENPRÄSENTATION

Kartenpräsentation

KARTEN FÜR JEDEN ANLASS
Die Kunst des Scherenschnitts eignet sich hervorragend dazu, eine große Auswahl wunderschöner Karten in unterschiedlichen Stilrichtungen zu schaffen, die für jeden Anlass geignet sind.

KARTE MIT WALD, MEHRSCHICHTIG

Die Inspiration für dieses Motiv kommt von den vielen Märchen, die im Wald spielen. Sie können Figuren wie Rotkäppchen oder den Bösen Wolf als weiteres Element zu Ihrem Entwurf hinzufügen.

Werkzeug
- Cutter und Klingen
- Schneideunterlage
- Metalllineal
- Falzbein
- Transparentes Klebeband für die Karte
- Sprühkleber, Klebestift oder doppelseitiges Klebeband

Material
- Vorlage 6, 7 und 8 auf den Seiten 99 und 101
- Papier in verschiedenen Farbtönen
- Fotokarton

Material wählen
Bei der Auswahl der Farben für dieses Projekt nehmen Sie drei verschiedene Farbtöne (hell, mittel und dunkel) für die Scherenschnitte, um ein Gefühl von Tiefe zu erzeugen. Für die Karte selbst wählen Sie am besten eine vierte Farbe – ich habe mich für weiß entschieden, weil das die Scherenschnitte besonders hervorhebt. Für die Karte selbst sollten Sie Fotokarton verwenden, damit sie stabil genug ist und sich hinstellen lässt.

1 Die Vorlagen 6, 7 und 8 auf den Seiten 99 und 101 ausschneiden. Um die Vorlage mehrmals zu verwenden oder sie zu vergrößern, einfach kopieren oder abpausen, wie auf Seite 26 beschrieben.

2 Für die Karte ein Stück Fotokarton ausschneiden, das so hoch wie die Vorlagen, aber doppelt so breit ist. Die Karte dient gleichzeitig als Hintergrund des Scherenschnitts. Die Farbauswahl ist also dabei von besonderer Bedeutung. Den Fotokarton mithilfe des Metalllineals und des Falzbeins einkerben und so in der Mitte falten (siehe Seite 29), dass eine Karte im Querformat entsteht.

3 Für jede Schicht des Scherenschnitts eine Farbe aussuchen. Die entsprechende Vorlage mit transparentem Klebeband auf dem jeweiligen Blatt Papier befestigen. Mit einem Cutter auf einer Schneideunterlage die weißen Abschnitte der Lagen ausschneiden (siehe Seite 25). Die Vorlagen vorsichtig entfernen.

MIT BEDACHT ARBEITEN
Fügen Sie Ihren eigenen Entwürfen kleine Details hinzu, wie einen Hasen, und achten Sie darauf, dass das Motiv an allen Seiten mit dem Rand verbunden ist.

4 Das Klebemittel auf die Rückseite der ersten Lage aufbringen und auf die Vorderseite der Karte kleben.

5 Schritt 4 erst mit dem mittleren Scherenschnitt und dann mit dem Scherenschnitt mit dem Rand wiederholen, bis die Waldlandschaft vollständig ist.

SCHWIERIGKEITSGRAD ✂

IM WALD
Mit der richtigen Farbwahl können
Sie bei mehrschichtigen Motiven eine
besondere Atmosphäre schaffen.

BOTANISCHE KUNST

Mit diesem Projekt können Sie den Zauber von Blüten oder Laub einfangen und in einem Scherenschnitt festhalten. Die Motive können in der Größe an jeden Rahmen angepasst werden. Wählen Sie das Papier besonders sorgfältig aus, da es sich bei diesem Projekt um einen Faltschnitt handelt (siehe Seite 22). Mit den Vorlagen lässt sich für jeden Raum ein kleines Paradies schaffen, Sie können sich aber natürlich auch von Ihrem eigenen Garten inspirieren lassen.

Werkzeug
- Cutter und Klingen
- Schneideunterlage
- Metalllineal
- Falzbein
- Transparentes Klebeband
- Sprühkleber, Klebestift oder doppelseitiges Klebeband

Material
- Vorlage 11 auf Seite 103
- Papier
- Hintergrundpapier in Kontrastfarben
- Rahmen

Material wählen
Bei der Wahl der Farben für dieses Projekt können Sie zum Thema passende Farben wählen, wie Erdtöne oder Pastell. Oder Sie entscheiden sich für einen modernen Stil, mit kontrastierenden Farben, wie leuchtendem Pink oder Zitronengelb. Sie könnten sogar gemustertes Papier verwenden, solange das Muster nicht zu groß ist.

1 Vorlage 11 auf Seite 103 ausschneiden. Um die Vorlage mehrmals zu verwenden oder sie zu vergrößern, einfach kopieren oder abpausen, wie auf Seite 26 beschrieben.

2 Ein Stück Fotokarton ausschneiden, das genauso hoch wie die Vorlage, aber doppelt so breit ist. Mithilfe des Metalllineals und des Falzbeins in der Mitte falten (siehe Seite 29).

3 Die Vorlage mit transparentem Klebeband auf dem Karton befestigen, dabei die gestrichelte Linie der Vorlage auf den Falz legen.

4 Die weißen Stellen der Vorlage mit einem Cutter auf einer Schneideunterlage ausschneiden, dabei auch durch das Papier schneiden (siehe Seite 25). Am besten am Falz beginnen, da dieser Bereich unbedingt verbunden bleiben muss. Danach die filigranen Stellen innerhalb des Motivs und zum Schluss die Umrisse ausschneiden.

MIT BEDACHT ARBEITEN
Die kniffligsten Stellen beim Ausschneiden sind rot markiert. Diese Stellen befinden sich alle auf dem Falz und sollten daher nicht zu dünn geschnitten werden, denn sonst fällt der Scherenschnitt beim Auffalten auseinander.

SCHWIERIGKEITSGRAD ✂ ✂

5 Die Vorlage entfernen und das Papier auffalten. Jetzt muss das Motiv eventuell gebügelt werden (siehe Seite 32).

6 Den Scherenschnitt umdrehen, sodass die Rückseite nach oben zeigt, mit Sprühkleber einsprühen und warten, bis dieser sich klebrig anfühlt. Für weniger filigrane Motive eignen sich auch ein Klebestift oder kleine Stücke doppelseitiges Klebeband.

7 Das Hintergrundpapier in Rahmengröße zuschneiden. Den Scherenschnitt vorsichtig aufnehmen und in der Mitte des Hintergrundpapiers platzieren. Vorsichtig ablegen und dabei eventuelle Falten glattstreichen.

8 Den Scherenschnitt in den Rahmen legen, sobald er gut auf dem Hintergrundpapier befestigt ist.

GERAHMTE KUNST
Mit einem Rahmen werden aus Ihren Scherenschnitten richtige Kunstwerke, mit denen Sie Ihr Zuhause dekorieren oder die Sie verschenken können.

Tipp:
Wie wäre es mit mehreren Motiven in aufeinander abgestimmten Farben, die Sie als Gruppe aufhängen? Damit schaffen Sie einen schönen Blickfang, auf den Sie stolz sein können.

MOBILE, VÖGEL IM FLUG

Dieses tolle Projekt verleiht einem Raum neues Flair und dem Scherenschnitt eine neue Dimension. Sobald das Mobilé von der Decke herabhängt, fangen die Vögel an, sich zu bewegen, und im Zusammenspiel mit der hereinscheinenden Sonne entstehen zauberhafte Schatten.

Werkzeug
- Cutter und Klingen
- Schneideunterlage
- Metalllineal
- Falzbein
- Transparentes Klebeband
- Schere
- Nadel

Material
- Vorlagen 17, 18 und 19 auf Seite 111
- Papier oder dünnen Fotokarton
- Faden
- Ast oder Stock
- Angelschnur
- Haken zum Anbringen an der Decke

Material wählen
Welche Farbe schwebt Ihnen vor? Sie können alle Vögel in einer Farbe ausschneiden oder die Farben passend zu dem Raum wählen, in dem die Vögel leben werden. Pastellfarben verleihen dem Mobilé etwas Weiches, Luftiges, während knallige, leuchtende Farben verspielt wirken. In diesem Beispiel wurde Papier verwendet, aber dünner Fotokarton eignet sich genauso gut.

1 Die Vorlagen 17, 18 und 19 auf Seite 111 ausschneiden. Sollen die Vorlagen mehrmals verwendet oder vergrößert werden, einfach kopieren oder abpausen, wie auf Seite 26 beschrieben.

2 Die Vorlagen für die Vogelkörper mit Klebeband auf dem Papier befestigen.

3 Die weißen Stellen der Vorlagen mit einem Cutter auf einer Schneidunterlage ausschneiden, dabei auch durch das Papier schneiden (siehe Seite 25). Es kann einfacher sein, zuerst die Details im Innern mit dem Cutter und dann die Umrisse der Vögel mit der Schere auszuschneiden.

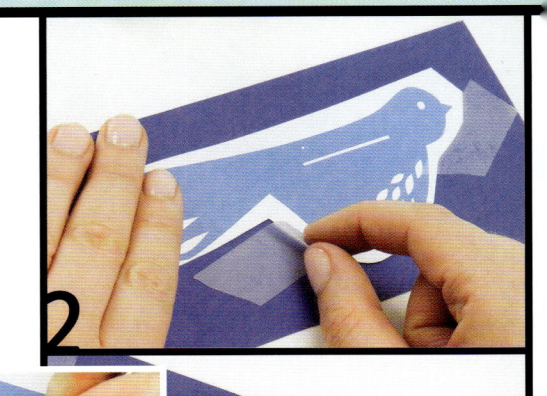

4 Danach die Vorlagen für die Flügel auf dem Papier befestigen. Bei den Flügeln handelt es sich um einen Faltschnitt: Das Papier falten und die Faltlinien auf der Vorlage exakt auf dem Falz anbringen. Die weißen Stellen der Vorlage ausschneiden.

5 Als Nächstes die Rücken der Vögel wie in den Vorlagen mit Schlitzen versehen, um die Flügel anzubringen.

6 Die Flügel so in die Schlitze schieben, dass sich der Falz genau im Schlitz befindet. Danach die Flügel vorsichtig nach oben klappen, um sie zu fixieren.

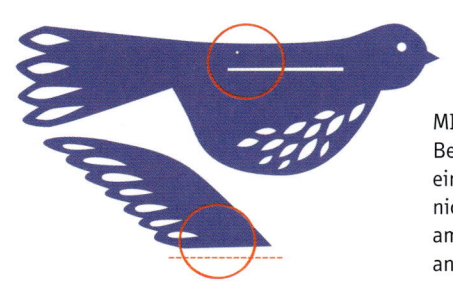

MIT BEDACHT ARBEITEN
Beachten Sie, dass es sich bei den Flügeln um einen Faltschnitt handelt, und schneiden Sie nicht durch den Falz. Vergessen Sie den Schlitz am Rücken des Vogels nicht, um die Flügel anbringen zu können.

SCHWIERIGKEITSGRAD ✂✂

7 Mit einer Nadel, wie in den Vorlagen angezeichnet, ein Loch in die Vogelkörper stechen. Für jeden Vogel ein 50 cm langes Stück Faden abschneiden und durch das Loch fädeln. Den Faden zu einer Schlaufe binden.

8 Die Vögel an einem Ast oder einem Stock aufhängen. An zwei oder drei Stellen des Astes Angelschnur befestigen. Die Enden der Angelschnüre zusammenbinden. Einen Haken an der Decke anbringen und den Ast mit der Angelschnur daran befestigen. Die Vögel in unterschiedlichen Höhen an den Ast binden.

IN DER LUFT
Dieses Mobile eignet sich wunderbar für ein Kinderzimmer oder als Dekoration für den Wintergarten oder die Veranda.

Tipp:
Mit eigenen Scherenschnittmustern auf Vogelkörpern und -flügeln erstellen Sie Ihr ganz eigenes Mobilé. Sie können auch mit den Farben spielen: Warum nicht die Flügel in einer anderen Farbe wählen als die Körper?

SCHATTENFIGUREN

Schattenfiguren lassen sich recht einfach herstellen und bieten Kindern wie auch Erwachsenen fröhliche Unterhaltung. Nachdem Sie die Figuren geschaffen haben, ist es ein Leichtes, Freunden und Familien im Schattentheater ein bezauberndes Abenteuer darzubieten: Von dem Hasen, der weit und breit der schnellste Läufer ist, der Maus, die so gerne klatscht und tratscht, und dem frechen Eichhörnchen, das stets etwas im Schilde führt. Damit lässt sich so manche Geschichte erzählen!

Werkzeug
- Cutter und Klingen
- Schneideunterlage
- Metalllineal
- Transparentes Klebeband
- Schere

Material
- Vorlagen 20, 21 und 22 auf Seite 113
- Dünnen Fotokarton
- Rundkopfklammern (erhältlich in den meisten Schreibwarengeschäften)
- Stäbe aus Holz

Material wählen
Schattenfiguren wirken am besten auf schwarzem Fotokarton. In dieser Anleitung wird beschrieben, wie Sie die Vorlagen auf dem Karton anbringen und dann ausschneiden. Eine Alternative wäre, die Vorlagen auf weißen Fotokarton zu kopieren und auszuschneiden, um das Anbringen der Vorlagen zu sparen. Sie können die Schattenfiguren danach schwarz bemalen.

1 Die Vorlagen 20, 21 und 22 auf Seite 113 ausschneiden. Um die Vorlagen mehrmals zu verwenden oder zu vergrößern, einfach kopieren oder abpausen, wie auf Seite 26 beschrieben.

2 Die Vorlagen mit Klebeband auf dem Karton befestigen. Mit dem Cutter auf einer Schneideunterlage oder mit der Schere die Körper, Beine und Schwänze der Figuren ausschneiden.

3 Nun die Details der Figuren ausschneiden – Augen, Nase, Schnurrhaare oder Fellcharakteristika. Nun werden noch die Löcher zum Befestigen der Einzelteile ausgeschnitten (die kleinen weißen Kreise auf den Vorlagen). Diese kleinen Löcher mit der Schere ausschneiden.

SCHWIERIGKEITSGRAD ✂✂

63

Schattenfiguren

4 Als Nächstes die Läufe des Hasen anbringen. Die Kreise auf den Läufen auf die Kreise auf seinem Körper legen. Dann die Rundkopfklammern von vorne nach hinten durch die Löcher führen.

5 Die Figur umdrehen, die Klammern umklappen und die Läufe so am Körper fixieren. Die Schritte 4 und 5 am Schwanz des Eichhörnchens wiederholen.

6 Die Holzstäbe mit Klebeband an der Rückseite der Figuren anbringen: je einen Stab für die Hasenläufe, je einen für den Schwanz und den Körper des Eichhörnchens und einen für die Maus.

7 Jetzt nur noch üben, wie sich die Figuren mit den Stäben zum Leben erwecken lassen. Damit wie aus Zauberhand Schatten entstehen, die Figuren mit einer Lampe anleuchten und dabei bewegen, sodass die Tiere durch den Raum zu tanzen scheinen.

Tipp:
Als Theaterbühne für Ihre Schattenfiguren nehmen Sie einfach einen großen Pappkarton, schneiden eine der Seitenwände des Pappkartons aus und ersetzen sie mit straff gespanntem weißem Stoff oder Transparentpapier. Die Lampe hinter den Figuren positionieren und damit auf die so entstandene Bühne leuchten. Bühne frei für Ihr Schattentheater mit fantasievollen, zauberhaften Geschichten für jedes Publikum.

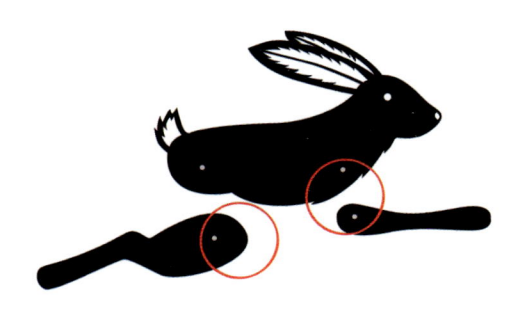

MIT BEDACHT ARBEITEN
Die diffizilsten Stellen beim Schneiden sind hier rot markiert. Die Löcher können Ihnen Schwierigkeiten bereiten, seien Sie also besonders sorgfältig und achten Sie darauf, dass sie gut aufeinander liegen, sodass Sie die Klammern hindurchschieben können.

MÄRCHENSTUNDE
Mit Ihren Schattenfiguren können Sie jetzt Ihre Familie und Freunde mit Märchen und anderen Geschichten verzaubern.

SCHATTENTHEATER

Schattentheater

SCHATTENTHEATER
Bauen Sie nach der Anleitung auf Seite 63 eine Bühne aus Karton oder schneiden Sie einen Rahmen aus Papier. Darin können Sie dann mit den Schattenfiguren wunderbare Theaterstücke aufführen.

WINDLICHTER

Verzaubern Sie das Esszimmer oder das ganze Haus mit hübschen Lichtern. Diese Windlichthüllen aus Papier verleihen jedem Anlass einen besonderen Zauber und lassen magische Schatten durch den Raum tanzen.

Werkzeug
- Cutter und Klingen
- Schneideunterlage
- Metalllineal
- Transparentes Klebeband
- Bandmaß
- Doppelseitiges Klebeband oder Klebestift

Material
- Vorlage 23 auf Seite 115
- Papier
- Einmachgläser oder Windlichter
- Teelicht

Material wählen
Sie können Papier in jeder Farbe aussuchen, je dünner das Papier, desto lichtdurchlässiger ist es. Ich kombiniere manchmal Papier verschiedenen Gewichts, da so unterschiedliche Schatten zustande kommen.

MIT BEDACHT ARBEITEN
Achten Sie darauf, einen Rand von etwa 1 cm Breite an jedem Ende stehenzulassen.

1 Vorlage 23 auf Seite 115 kann für dieses Projekt ausgeschnitten werden. Es muss aber vorher geprüft werden, ob das gewählte Glasgefäß dazu passt. Wenn nicht, muss die Vorlage in der Größe an das Glas angepasst werden (nach der Anleitung auf Seite 26). Dazu Höhe und Umfang des Glases mit einem Bandmaß abmessen. Dann 1 cm in der Breite hinzurechnen.

2 Ein Blatt Papier nach diesen Abmessungen ausschneiden und um das Glas legen, sodass es an den Enden 1 cm überlappt.

3 Die Vorlage mit Klebeband auf dem Papier befestigen. (Bei einem eigenen Entwurf unbedingt auf den 1 cm Rand an jedem Ende achten.)

4 Mit dem Cutter auf der Schneideunterlage die weißen Teile aus der Vorlage ausschneiden, dabei auch durch das Papier schneiden (siehe Seite 25). Weniger ist mehr: Es sollte nicht mehr als 50% des Papiers ausgeschnitten werden – so ergibt sich ein angenehmes Gleichgewicht zwischen Licht und Schatten.

5 Doppelseitiges Klebeband oder Klebstoff an einem Ende des Papiers anbringen. Das Papier um das Glas legen und den Rand fest andrücken.

6 Eine Kerze in das Glas stellen, anzünden und das Schattenspiel genießen.

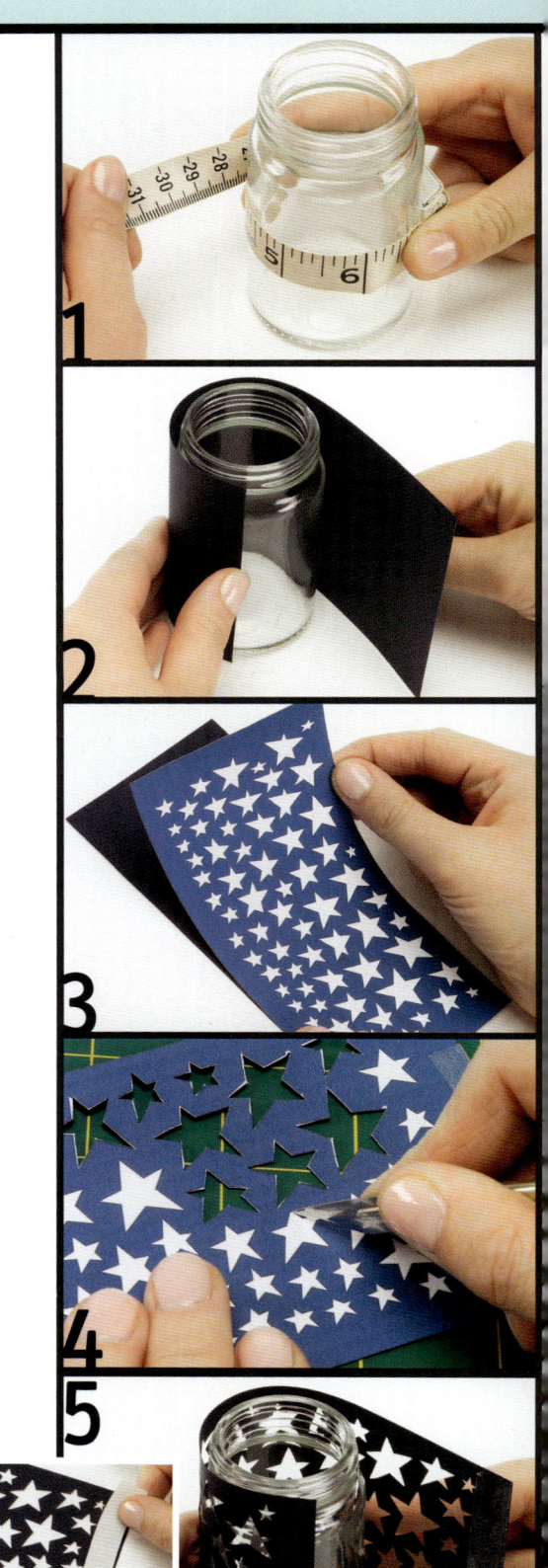

SCHWIERIGKEITSGRAD ✂

67

Windlichter

Sicherheit geht vor
Lassen Sie eine brennende Kerze nie unbeaufsichtigt.

STIMMUNGSVOLLE BELEUCHTUNG
So schaffen Sie mit wenig Aufwand wunderhübsche Windlichter und eine kuschelige Atmosphäre. Genießen Sie das warme Licht und das Spiel der Schatten.

PLATZKARTEN

Personalisierte Platzkarten sind auf Ihrer Teeparty die perfekte Ergänzung zu hübsch dekorierten Cupcakes (siehe Seite 70). Ich habe hierfür einfache Blumenmuster gewählt und passend dazu Schmetterlingsglasdekorationen, die ebenfalls als Platzkarten verwendet werden können.

Werkzeug
- Cutter und Klingen
- Schneideunterlage
- Metalllineal
- Transparentes Klebeband

Material
- Vorlage 26 auf Seite 117
- Dünnen Fotokarton

Material wählen
Für dieses Projekt sollten Sie dünnen Fotokarton wählen, damit Ihre Platzkarten stabil stehen. Denken Sie bei der Wahl der Farbe an die Tischdekoration und wählen Sie eine darauf abgestimmte Farbe.

MIT BEDACHT ARBEITEN
Kerben und falten Sie entlang der gestrichelten Linie, aber denken Sie daran, auf keinen Fall die Blüte zu falten.

1 Vorlage 26 auf Seite 117 ausschneiden. Soll die Vorlage mehrmals verwendet oder vergrößert werden, einfach kopieren oder abpausen, wie auf Seite 26 beschrieben.

2 Quadrate in der Größe der Vorlage ausschneiden, pro Platzkarte ein Quadrat.

3 Die Vorlage mit Klebeband auf dem Karton befestigen. Mit dem Cutter auf der Schneideunterlage die Details der weißen Blüte für jede Platzkarte sorgfältig aus der Vorlage und dem Fotokarton ausschneiden (siehe Seite 25). Den Umriss der Blüte nur auf einer Seite ausschneiden (weiße Linie auf der Vorlage).

4 Die Vorlage entfernen. Das Metalllineal mittig über die Blüte hinweg anlegen. Mit dem Cutter oder dem Falzbein die Faltlinie auf beiden Seiten der Blüte vorsichtig einkerben, dabei aber weder ganz durch das Papier noch durch die Blüte hinfurchschneiden (siehe Seite 29).

5 Das Quadrat vorsichtig in der Mitte falten, ohne dabei die Blüte zu falten. Den Falz mit den Fingern oder einem Falzbein glattdrücken, um eine scharfe Kante zu erhalten.

6 Die Namen der Gäste auf die Karten schreiben und die Karten auf dem Tisch verteilen.

SCHWIERIGKEITSGRAD ✂

Platzkarten

Variante
Die Schmetterlingsdekoration finden Sie in Vorlage 25 auf Seite 117. Die Vorlage auf dem Papier befestigen und dann entlang der gestrichelten Linie auf der Vorlage in der Mitte falten. Den Schmetterling ausschneiden, dabei an der Faltlinie besonders sorgfältig arbeiten und einen Schlitz an der weißen Linie in der Vorlage in den Schmetterling schneiden. Der Name des Gastes kann dann auf einen der Flügel geschrieben werden. Den Schmetterling mit dem Schlitz am Glasrand befestigen und seine Flügel vorsichtig ausbreiten, damit er gut hält.

TISCHDEKORATION
Solch hübsche Details verleihen Ihrer Tafel an Festtagen oder bei einer Hochzeit eine elegante, persönliche Note.

CUPCAKE-DEKORATION

Machen Sie aus Ihren selbstgebackenen Cupcakes mit hübschen Verzierungen etwas Besonderes. Sie eignen sich besonders gut für Geburtstagspartys oder für eine Teeparty mit Ihren Freundinnen. Sie können auch passend zum Thema Ihrer Party ein eigenes Design entwerfen. Folgen Sie dem Umriss der Cupcakeform und lassen Sie dann Ihrer Fantasie freien Lauf.

Werkzeug
- Cutter und Klingen
- Schneideunterlage
- Metalllineal
- Transparentes Klebeband

Material
- Vorlage 28 auf Seite 119
- Dünnen Fotokarton oder Papier
- Zahnstocher
- Cupcakes

Material wählen
Wenn Sie die Dekoration wiederverwenden möchten, verwenden Sie Fotokarton statt Papier – so wird sie stabiler. Es ist eine gute Idee, schon bei der Farbauswahl des Materials zu planen, welchen Geschmack Ihre Cupcakes haben sollen. Dunkelrosa passt gut zu Cupcakes mit Himbeerfüllung.

1 Vorlage 28 auf Seite 119 ausschneiden. Soll die Vorlage mehrmals verwendet oder vergrößert werden, einfach kopieren oder abpausen. Die Vorlage in diesem Buch passt auf eine Standard-Cupcakeform. Um größere oder kleinere Förmchen zu verzieren, muss die Vorlage in der Größe entsprechend angepasst werden. Eine Anleitung dazu finden Sie auf Seite 26.

2 Die Vorlage mit Klebeband an den Rändern auf dem Karton befestigen.

3 Mit dem Cutter auf der Schneideunterlage die weißen Teile aus der Vorlage und dem Karton gleichzeitig ausschneiden (siehe Seite 25). Die Honigwaben können recht knifflig sein, lassen Sie sich Zeit. Ganz Mutige können auch durch zwei Lagen Fotokarton gleichzeitig schneiden, um so Zeit zu sparen.

4 Nachdem die Details ausgeschnitten sind, vorsichtig den Rand ausschneiden. Nicht vergessen, den Schlitz und die beiden kleinen Linien an der Lasche (die weißen Linien auf der Vorlage) in die Form zu schneiden. Die Lasche in den Schlitz stecken, um das Förmchen zu schließen.

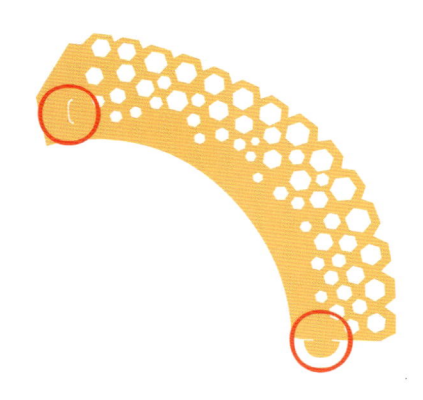

MIT BEDACHT ARBEITEN
Seien Sie bei den Schlitzen für die Lasche, die die beiden Enden des Förmchens verbindet, besonders vorsichtig.

SCHWIERIGKEITSGRAD ✂

5 Jetzt die Hummeln nach der Vorlage ausschneiden. Die Vorlage mit Klebeband wiederum auf Fotokarton befestigen und mit dem Cutter auf der Schneideunterlage die weißen Stellen der Vorlage sorgfältig ausschneiden.

6 Einen hölzernen Zahnstocher durch die Streifen der Hummel ziehen und mit kleinen Stücken Klebeband befestigen.

7 Jetzt nur noch Cupcakes backen (oder kaufen), in die Förmchen füllen und mit den Dekorationen versehen auf einer Kuchenplatte verteilen. Lecker!

SÜSSE LECKEREIEN
Sie können dieses Design ganz einfach anpassen, sodass es zu jeder Party passt: ob ein Kindergeburtstag, eine Babyparty oder ein Picknick. Vorlage 29 auf Seite 121 liefert das Gras- und Blumenmuster.

Cupcake-Dekoration

GESCHENKANHÄNGER

Mit diesen Geschenkanhängern wird Ihr Geschenk zu etwas ganz Besonderem. Mit Papier in unterschiedlichen Farben für die verschiedenen Schichten entsteht ein hübscher bunter Kontrast.

Werkzeug
- Cutter und Klingen
- Schneideunterlage
- Metalllineal
- Transparentes Klebeband
- Schere

Material
- Vorlage 30 auf Seite 123
- Fotokarton oder Papier in zwei Farben
- Dekoband

Material wählen
Sie können für dieses Projekt Papier jeden Gewichts verwenden, aber Fotokarton eignet sich besonders gut, da er stabiler und haltbarer ist als Papier. Denken Sie über den Adressaten des Geschenks und den Anlass nach (Geburtstag, Jahrestag, Weihnachten …) und wählen Sie ein passendes Motiv.

1 Vorlage 30 auf Seite 123 ausschneiden. Soll die Vorlage mehrmals verwendet oder vergrößert werden, einfach kopieren oder abpausen, wie auf Seite 26 beschrieben.

2 Die Vorlage mit Klebeband auf dem Fotokarton befestigen.

3 Mit dem Cutter auf der Schneideunterlage die weißen Teile der Vorlage und des Fotokartons gleichzeitig ausschneiden (siehe Seite 25). Mit den Details innerhalb des Anhängers beginnen, dann den äußeren Rand ausschneiden. Dies kann mit einer Schere einfacher sein.

MIT BEDACHT ARBEITEN
Der Bereich, der beim Schneiden am schwierigsten ist, ist hier blau markiert. Die beiden Löcher müssen exakt übereinander liegen, damit es auch gut wirkt, wenn das Band durchgeführt wird.

GETEILTE SCHICHTEN
Die beiden farbigen Schichten sind beweglich und verschieben sich leicht gegeneinander. Dadurch entsteht ein besonders interessanter Effekt.

Variation
Sie können die beiden Schichten auch mit Klebepads fest miteinander verbinden, um so ein dreidimensionales Aussehen zu erzeugen.

SCHWIERIGKEITSGRAD ✂

4 Schritte 2 und 3 mit Papier in einer anderen Farbe wiederholen, allerdings nur den Umriss ausschneiden.

5 Den Scherenschnitt auf dem Umriss anbringen, die Ränder dabei aneinander ausrichten. Mit der Spitze der Schere oder einem Cutter ein Loch durch beide Schichten stechen.

6 Ein Stück Band durch beide Schichten führen und den Geschenkanhänger an Ihrem Geschenk anbringen.

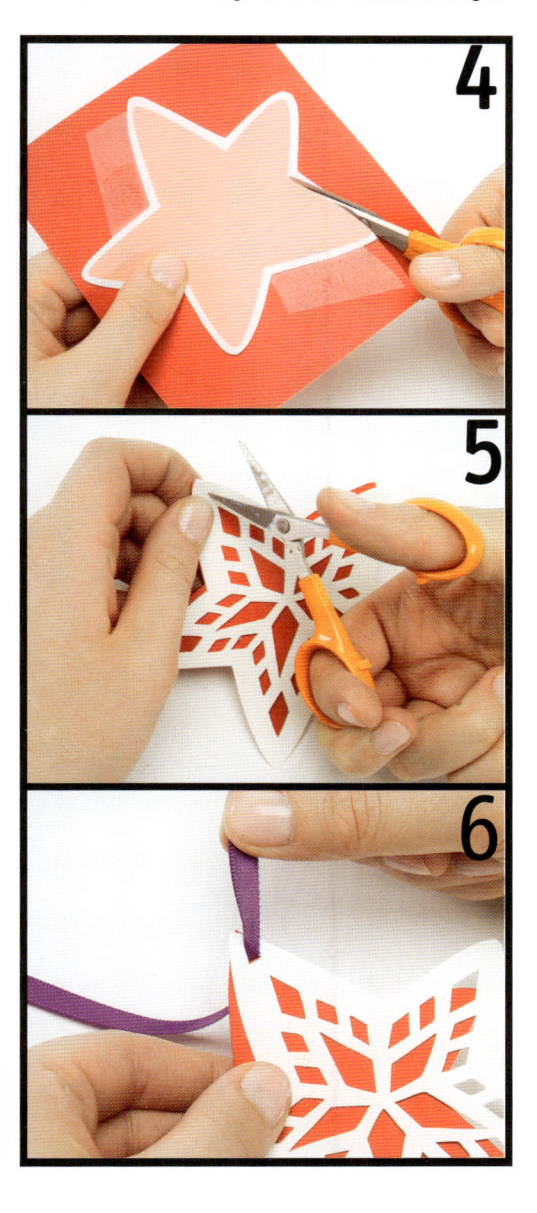

GROSSARTIGE GESCHENKE
Wählen Sie die Form sorgfältig aus, sodass sie zu dem jeweiligen Anlass passt (siehe die Vorlagen 31, 32 und 33 auf Seite 123), und wählen Sie Farben, die zum Geschenkpapier passen.

GIRLANDE UND WIMPEL

Dekorieren Sie doch zu einem besonderen Anlass Ihr Haus mit einer Girlande aus Scherenschnitten. Mit dieser preisgünstigen Dekoration verleihen Sie jedem Anlass eine festliche Note. In der Mitte der Vorlage für das Fähnchen ist ein Dreieck ganz ohne Muster vorgesehen. Hier können Sie Buchstaben oder Ziffern oder einen festlichen Gruß einfügen. Vergessen Sie nicht, seitenverkehrt auf die Rückseite zu schreiben (siehe Seiten 42–43), sodass auf der Vorderseite des Fähnchens keine Bleistiftspuren zu sehen sind.

Werkzeug
- Cutter und Klingen
- Schneideunterlage
- Metalllineal
- Transparentes Klebeband
- Bleistift oder Kugelschreiber
- Doppelseitiges Klebeband (für die Wimpel)

Material
- Vorlage 34 auf Seite 125
- Papier
- Kordel oder Dekoband

Material wählen
Sie können für dieses Projekt jedes Papier verwenden. Wenn Sie aber mehr als ein Fähnchen auf einmal ausschneiden wollen, verwenden Sie besser ein leichteres Papier, das Sie auch noch in mehreren Lagen gut durchschneiden können.

MIT BEDACHT ARBEITEN
Denken Sie an die Löcher an den oberen Enden der Scherenschnitte, um die Fähnchen zu einer Girlande verbinden zu können.

1 Vorlage 34 auf Seite 125 ausschneiden. Soll die Vorlage mehrmals verwendet oder vergrößert werden, einfach kopieren oder abpausen, wie auf Seite 26 beschrieben.

2 Ein Stück Papier in der Größe der Vorlage ausschneiden und die Vorlage mit Klebeband am Rand entlang darauf befestigen. Um mehr als ein Fähnchen gleichzeitig auszuschneiden, die Papierlagen aufeinanderlegen und die Ränder der Papiere mit transparentem Klebeband aufeinander fixieren, damit nichts verrutscht.

3 Mit dem Cutter auf der Schneideunterlage durch die Vorlage und das Papier schneiden. Den Umriss des Fähnchens zuerst ausschneiden, danach erst die Details. Nicht vergessen, jedes Fähnchen der Girlande mit zwei Löchern am oberen Rand zu versehen, um die Fähnchen am Ende auffädeln zu können.

4 Schritt 3 so oft wiederholen, bis die Anzahl Fähnchen für Ihre Girlande ausreicht. Die Girlande kann so lang werden wie gewünscht.

5 Jetzt Buchstaben oder Ziffern für die Girlande ausschneiden. Dazu das Fähnchen umdrehen, sodass die Rückseite nach oben zeigt, und die Buchstaben oder Ziffern spiegelverkehrt auf die Rückseite zeichnen.

SCHWIERIGKEITSGRAD ✂

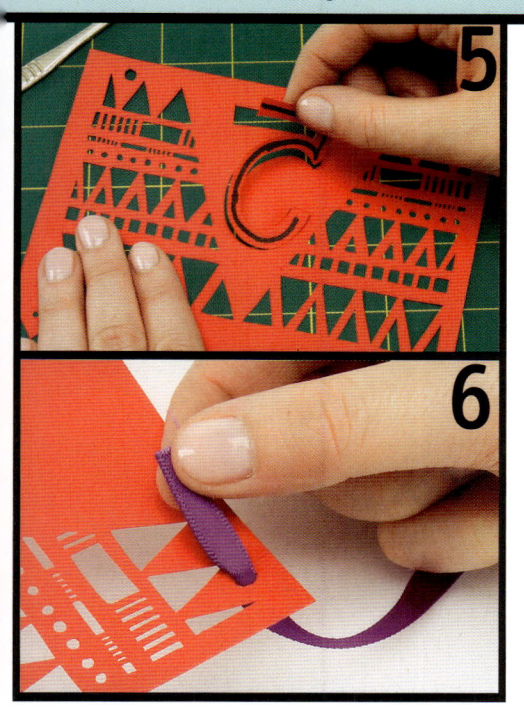

Girlande und Wimpel

6 Wenn alle Teile ausgeschnitten sind, die Fähnchen an einer Kordel oder einem Band anbringen. Dazu die Kordel oder das Band jeweils durch das eine obere Loch ein und dann durch das andere wieder hinausführen. Diesen Vorgang wiederholen, bis alle Teile aufgefädelt sind. An beiden Enden der Girlande etwas Kordel stehen lassen, um die Girlande festbinden zu können.

7 Nun nur noch die Stelle suchen, an der die Girlande angebracht werden soll. Das Fest kann beginnen!

INDIVIDUELLE GIRLANDEN
Buchstaben oder Ziffern eignen sich gut dazu, eine Girlande individuell zu gestalten. Sie können z. B. jeden Buchstaben eines Namens oder einer Nachricht in ein anderes Fähnchen schneiden.

MUSTER UND FARBEN
Verwenden Sie die Designs auf Seite 125 abwechselnd, so entsteht ein hübsches Muster. Wenn Sie alle Fähnchen aus demselben Papier ausschneiden, kann ein Band in einer anderen Farbe ein hübscher Kontrast sein.

Variation
Sie können auch einfache Wimpel erstellen, die ihre Papiergirlande ergänzen. Als Erstes eine Reihe Dreiecke mit einer Lasche am oberen Rand ausschneiden (siehe Vorlage 36 auf Seite 127). Für die Lasche den oberen Rand des Dreiecks umklappen und evtl. die Ränder nachschneiden. Als Nächstes ein Stück doppelseitiges Klebeband innen an dem gefalteten Rand anbringen. Ein Stück Faden oder Band nehmen, die Folie an der Rückseite des doppelseitigen Klebebandes abziehen, den Faden stramm auflegen, die Lasche des Dreiecks über den Faden klappen und zudrücken. An beiden Enden sollte Faden überstehen, damit Sie die Girlande aufhängen können.

TEEPARTY

Projekte

TEA FOR TWO
Elemente aus verschiedenen Projekten dieses Buches lassen sich wunderbar als Dekoration für eine Teeparty verwenden.

WEIHNACHTSBAUMDEKORATION

Manchmal wirken die einfachsten Dekorationen am besten. Diese Schneeflocken und Sterne eignen sich einfach wunderbar für Weihnachten. Hängen Sie sie ans Fenster oder an den Weihnachtsbaum, wo sie sich bewegen und drehen und Ihrem Zuhause einen wunderschönen Weihnachtszauber verleihen.

Werkzeug
- Cutter und Klingen
- Schneideunterlage
- Metalllineal
- Transparentes Klebeband
- Schere
- Nadel

Material
- Vorlage 37 auf Seite 127
- Dünnen Fotokarton
- Faden

Material wählen
Fotokarton eignet sich für dieses Projekt gut, da die Dekorationen stabil sein sollen. So können Sie sie auch immer wieder verwenden, solange sie in der Zwischenzeit sicher aufbewahrt werden.

1 Vorlage 37 auf Seite 127 ausschneiden. Soll die Vorlage mehrmals verwendet oder vergrößert werden, einfach kopieren oder abpausen, wie auf Seite 26 beschrieben.

2 Die Vorlage mit Klebeband an den Rändern auf dem Fotokarton befestigen.

3 Mit dem Cutter auf der Schneideunterlage die weißen Bereiche aus der Vorlage und dem Fotokarton gleichzeitig ausschneiden (siehe Seite 25). Die kleineren Details im Inneren besonders sorgfältig arbeiten. Die Schritte 2 und 3 wiederholen, sodass am Ende zwei identische Scherenschnitte vorliegen. Alternativ beide Scherenschnitte gleichzeitig ausschneiden, dazu zwei Blatt Fotokarton übereinanderlegen und die Ränder mit transparentem Klebeband fixieren, damit nichts verrutscht.

4 Jetzt einen Schlitz in jede Form schneiden. Bei der ersten Form den Schlitz von oben bis zur Mitte schneiden, bei der zweiten von unten zur Mitte.

5 Die beiden Teile in einem 90°-Winkel ineinanderstecken, sodass sie fest miteinander verbunden sind.

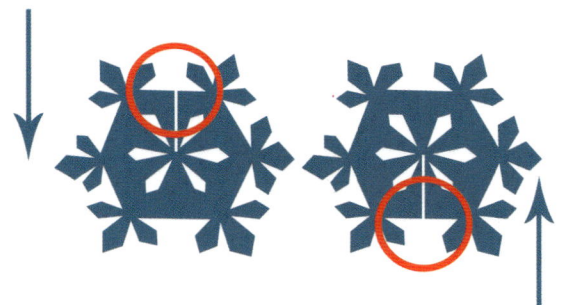

MIT BEDACHT ARBEITEN
Schneiden Sie in beide Scherenschnitte Schlitze, damit Sie die beiden Hälften zusammenstecken können.

SCHWIERIGKEITSGRAD ✂

6 Mit einer Schere oder einer Nadel ein kleines Loch oben in der Dekoration anbringen.

7 Den Faden durch das Loch fädeln, verknoten und den Scherenschnitt aufhängen.

Tipp:
Dieses Projekt ist sehr einfach und verfehlt dennoch nicht seine Wirkung. Entwerfen Sie einfach Ihre eigenen Schneeflocken. Achten Sie nur darauf, dass ein Schlitz von oben nach unten und der andere von unten nach oben führen muss, um die beiden Teile miteinander zu verbinden.

SCHMÜCKEN SIE IHR HAUS
Hängen Sie Ihre Dekorationen an den Weihnachtsbaum oder schmücken Sie damit das ganze Haus und leben Sie in Ihrem eigenen Winterwunderland. Versuchen Sie sich auch an den anderen Vorlagen auf Seite 127.

FENSTERBILDER

Fensterbilder aus Scherenschnitt haben eine lange Tradition. Das Licht, das durch die Scherenschnitte scheint, wirft zauberhafte Schatten. Sie können die Scherenschnitte auch frei in die Wohnung oder in einem Rahmen an die Wand hängen. Der kleinere Scherenschnitt mit dem Herzen auf Seite 109 (Vorlage 16) lässt sich auch ausgezeichnet als Motiv für eine Karte verwenden (siehe Seiten 52/53).

Werkzeug
- Cutter und Klingen
- Schneideunterlage
- Metalllineal
- Transparentes Klebeband
- Nadel
- Schere

Material
- Vorlage 15 auf Seite 109
- Papier
- Faden oder Zierband (nach Wunsch)
- Doppelseitiges Klebeband (nach Wunsch)

Material wählen
Wählen Sie für dieses Projekt ein leichtes Papier, da es vor dem Schneiden gefaltet wird. Sie können jede Farbe verwenden. Wenn die Sonne durch das Fenster scheint, wird der Scherenschnitt wunderschön erleuchtet und fällt allein dadurch auf.

1 Vorlage 15 auf Seite 109 ausschneiden. Soll die Vorlage mehrmals verwendet oder vergrößert werden, einfach kopieren oder abpausen, wie auf Seite 26 beschrieben.

2 Ein Stück Papier in der doppelten Breite der Vorlage ausschneiden und in der Mitte falten. Den Falz mit den Fingern festdrücken, um einen scharfen Rand zu erhalten. Die Vorlage mit Klebeband auf dem Papier anbringen, dabei die gestrichelte Linie der Vorlage exakt auf den Falz des Papiers legen.

3 Mit dem Cutter auf der Schneideunterlage die weißen Teile aus der Vorlage und dem Papier gleichzeitig ausschneiden (siehe Seite 25). Das Muster ist recht kompliziert, lassen Sie sich Zeit. Als Erstes die Innenschnitte um den Hirsch herum ausschneiden, danach die Kiefernzweige entlang des Randes. Den Falz entlang besonders sorgfältig arbeiten, damit der Scherenschnitt beim Auffalten nicht auseinanderfällt.

4 Die Vorlage entfernen und den Scherenschnitt auffalten. Jetzt kann der Scherenschnitt noch gebügelt werden (siehe Seite 32), damit er ganz glatt vor Ihrem Fenster hängt.

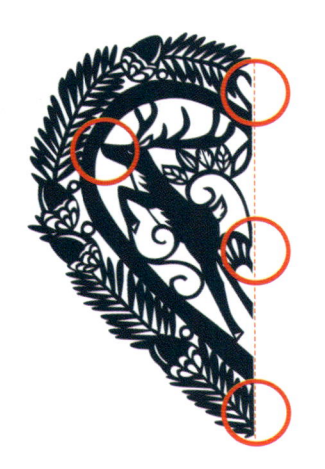

MIT BEDACHT ARBEITEN
Die Bereiche, die am schwierigsten zu schneiden sind, sind hier rot markiert. Achten Sie besonders auf die kniffligen Stellen entlang der Faltlinie und um den Hirsch herum sowie auf die mit dem Falz verbundenen Bereiche.

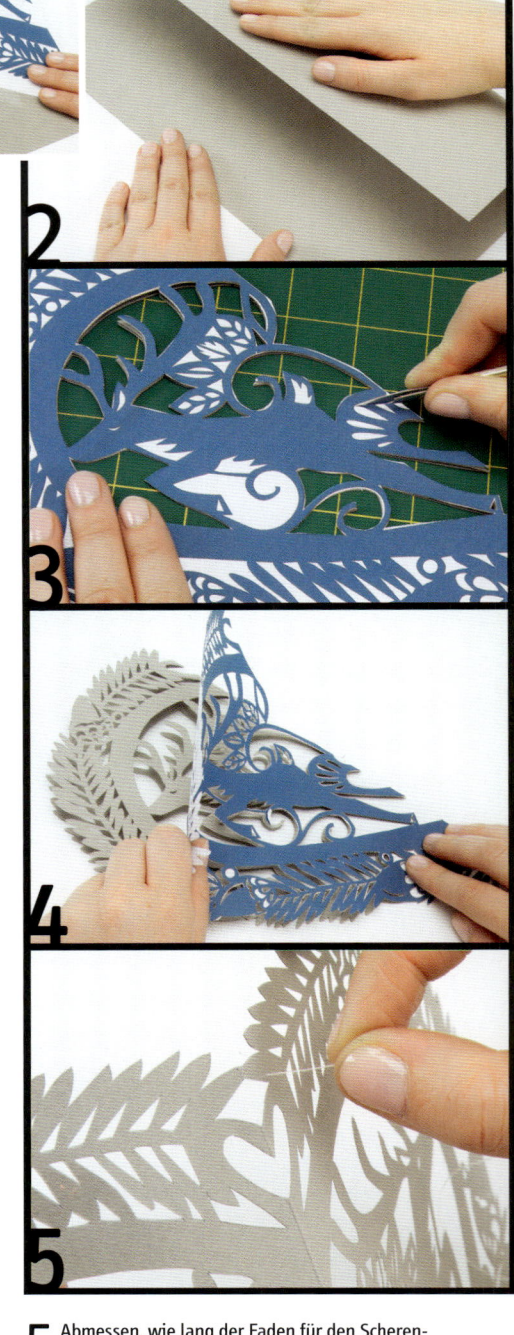

5 Abmessen, wie lang der Faden für den Scherenschnitt sein soll, und dann einen Faden in der doppelten Länge abschneiden. Den Faden in der Mitte falten. Das gefaltete Ende durch eines der Löcher oben in der Mitte des Scherenschnitts fädeln, die losen Enden durch das gefaltete Ende der Schnur ziehen, eine Schleife bilden und den Faden festziehen. Den Scherenschnitt aufhängen.

SCHWIERIGKEITSGRAD ✂✂

KUNST VON ZWEI SEITEN
Ein so am Fenster angebrachter Scherenschnitt wirkt gleich doppelt, da man ihn sowohl von innen als auch von außen betrachten kann.

VOLKSTÜMLICHES MOTIV, MEHRSCHICHTIG

Dieses Muster ist eine moderne Interpretation eines traditionellen Scherenschnitts mit klaren Kontrasten. Die beiden Schichten verleihen dem Modell mehr Tiefe und sorgen für mehr Farbe. Gerahmt ist der fertige Scherenschnitt ein wunderschönes Original für Ihr Zuhause.

Werkzeug
- Cutter und Klingen
- Schneideunterlage
- Metalllineal
- Transparentes Klebeband
- Doppelseitiges Klebeband oder Klebestift

Material
- Vorlage 41 auf Seite 133
- Papier in zwei kontrastierenden Farben

Material wählen
Wählen Sie für jede Schicht eine andere Farbe. Achten Sie darauf, dass diese einen guten Kontrast bilden. Welche Farben passen gut zusammen? Schwarz und ein leuchtendes Rot, Rosa oder Orange wirken sehr modern. Für einen sanfteren Effekt können Sie auch hellere Farben verwenden, wie Hellgrün und Hellblau. Leichtes bis mittelschweres Papier eignet sich besonders gut für dieses Projekt.

1 Beide Teile der Vorlage 41 auf Seite 133 ausschneiden. Soll die Vorlage mehrmals verwendet oder vergrößert werden, einfach kopieren oder abpausen, wie auf Seite 26 beschrieben.

2 Zwei Blatt Papier wählen, die einen Kontrast bilden, und doppelt so groß wie die Vorlage ausschneiden, da es sich um Faltschnitte handelt.

3 Das erste Blatt Papier (das für die obere Schicht) in der Mitte falten und den Falz mit den Fingern nachfahren, um einen scharfen Rand zu bilden. Die Vorlage mit transparentem Klebeband auf dem Papier befestigen, dabei die gestrichelte Linie der Vorlage exakt auf die Faltlinie des Papiers legen.

4 Mit dem Cutter auf der Schneideunterlage die weißen Bereiche aus der Vorlage und dem Papier gleichzeitig ausschneiden (siehe Seite 25). Mit der Faltlinie beginnen und nach außen arbeiten. Besonders bei den filigranen Bereichen sorgfältig und geduldig arbeiten, um keine Fehler zu machen.

5 Nachdem die erste Schicht ausgeschnitten ist, die Schritte 1–4 für die zweite Schicht wiederholen, sodass zwei Scherenschnitte in verschiedenen Farben entstehen – die obere und die untere Schicht.

MIT BEDACHT ARBEITEN
Die Bereiche, die beim Ausschneiden die meisten Schwierigkeiten bereiten, sind rot und schwarz markiert. Schneiden Sie nicht zu viel Papier entlang der Faltlinie ab. Beachten Sie bei dem Fuchs in der unteren Schicht, dass der Rand nicht mehr sichtbar sein sollte, sobald die obere Schicht darauf liegt.

SCHWIERIGKEITSGRAD ✂✂

83

Volkstümliches Motiv, mehrschichtig

6 Beide Schichten entfalten. Nun können die Scherenschnitte vor dem Zusammenkleben gebügelt werden (siehe Seite 32).

7 Die obere Schicht umdrehen und entweder ein paar kleine Stücke doppelseitiges Klebeband oder ein paar Punkte Klebstoff auf der Rückseite anbringen. Dann die untere Schicht umdrehen (sodass sie in die gleiche Richtung zeigt wie die obere) und sie vorsichtig auf die untere Schicht legen. Darauf achten, dass die beiden Muster exakt aufeinander liegen.

8 Den Scherenschnitt umdrehen, um das Endergebnis zu betrachten. Nun fehlt nur noch der richtige Rahmen, um das Kunstwerk an die Wand zu hängen und ins richtige Licht zu rücken.

GESAMTWIRKUNG
Durch das filigrane Design und die leuchtenden Farben ist dies ein originelles Kunstwerk, das sich gut dazu eignet, Ihre Fertigkeiten im Scherenschnitt vorzuzeigen.

84 PORTRAIT-SILHOUETTEN

Sich das eigene Profil aus Papier schneiden zu lassen, war früher sehr verbreitet – es war günstiger als ein gemaltes Portrait. Heutzutage verfügen diese Silhouetten über einen wunderbar altmodischen Charme. Eine Silhouette für jedes Familienmitglied ist eine wunderbare Alternative zu Fotos.

Werkzeug
- Cutter und Klingen
- Schneideunterlage
- Metalllineal
- Transparentes Klebeband
- Schere
- Sprühkleber

Material
- Foto der Person (nach Wunsch)
- Vorlage 43 auf Seite 135
- Rahmen
- Schwarzes Papier für die Silhouette
- Papier für den Hintergrund

Material wählen
Auf Seite 135 finden Sie zwei Vorlagen (Vorlage 44 und 45), denen Sie Details und Charakteristika hinzufügen können, um sie individuell anzupassen, ohne ein Foto machen zu müssen. Wählen Sie das Papier sorgfältig. Sie könnten statt dem traditionellen Schwarz ein hell gemustertes Papier auf dunklem Hintergrund verwenden.

1 Als Erstes ein Foto der Person machen, deren Silhouette Sie ausschneiden möchten, und ausdrucken. Die Person sollte vor einem einfarbigen Hintergrund stehen und zur Seite schauen, sodass ihr Profil zu sehen ist. Wir haben es hier mit einer vereinfachten Grafik dargestellt. Wenn die Person lange Haare hat, sollte sie sie zusammenbinden, dies ergibt eine klarere Silhouette. Das Foto kann am Computer oder am Kopierer in der Größe an ihren Rahmen angepasst werden. Alternativ Vorlage 43 auf Seite 135 ausschneiden, kopieren oder abpausen (siehe Seite 26).

2 Wenn Größe und Komposition des Fotos (oder der Vorlage) passen, dieses mit transparentem Klebeband auf farbigem Papier (am besten schwarz) befestigen.

3 Mit der Schere oder dem Cutter sorgfältig das Profil der Person ausschneiden. Dabei auch nicht das kleinste Detail wie Haare, Brille usw. vergessen.

4 Nachdem der Rand des Bildes ausgeschnitten ist, kann eine geschwungene Linie unterhalb des Halses geschnitten werden, dadurch erscheint der Scherenschnitt raffinierter. Das Bild entfernen und schon ist eine Silhouette aus schwarzem Papier entstanden.

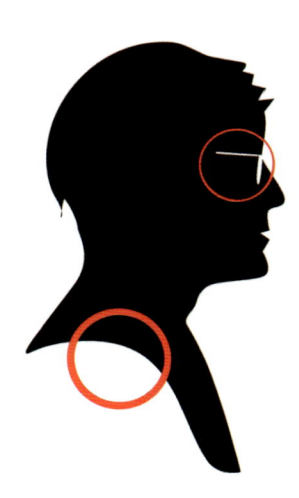

MIT BEDACHT ARBEITEN
Vergessen Sie nicht die kleinen Details und schneiden Sie eine interessante Linie in den unteren Rand.

SCHWIERIGKEITSGRAD ✂ ✂   85

Portrait-Silhouetten

5 Einen Hintergrund wählen, dessen Farbe oder Muster mit der Silhouette kontrastiert und auf Rahmengröße zuschneiden.

6 Eine kleine Menge Sprühkleber auf die Rückseite der Silhouette geben. Die Silhouette sorgfältig in der Mitte des Hintergrunds anbringen.

7 Die Silhouette rahmen und aufhängen. Den Vorgang wiederholen, bis alle Familienmitglieder repräsentiert sind – und wenn Sie damit fertig sind, können Sie Silhouetten all Ihrer Freunde und sogar Ihrer Haustiere anfertigen!

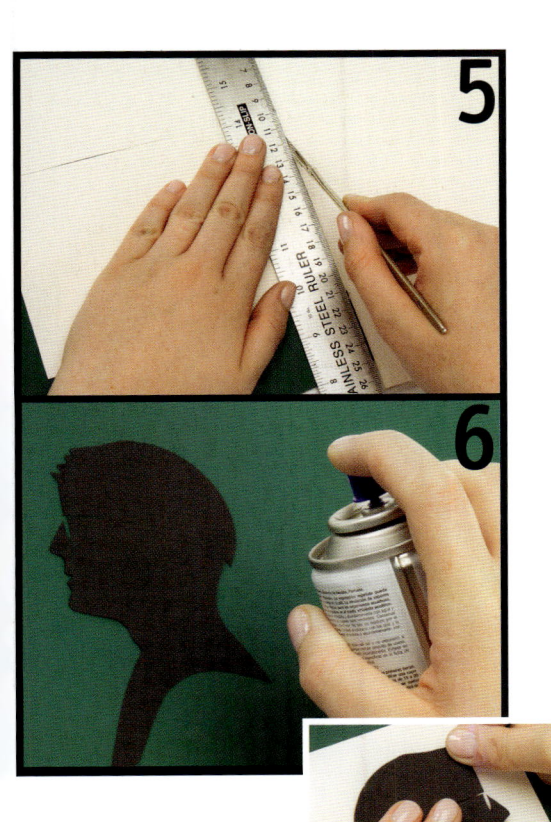

EINFACH UND GRAFISCH
Die Schlichtheit der Linien und der Kontrast der schwarzen Silhouette auf dem weißen Hintergrund entfaltet eine starke Wirkung. Dies gilt besonders dann, wenn mehrere Silhouetten gemeinsam ausgestellt werden.

Tipps:
- Es ist von Vorteil, den Rahmen schon vor Beginn zu wählen, damit das gewählte Foto oder die Vorlage auch hineinpassen. Anderenfalls muss die Größe des Rahmens später angepasst werden.
- Anstatt sich auf Silhouetten von Personen zu beschränken, können Sie auch Haustiere oder unbewegte Objekte zu Ihrer Bildergalerie hinzufügen. So erschaffen Sie einen besonderen Hingucker.

RAHMEN

Mit diesem Projekt verleihen Sie einem Foto oder einem Bild eine persönliche Note. Die Vorlage kann am Kopierer oder Computer in der Größe angepasst werden, sodass sie zum Foto oder Bild passt.

Werkzeug
- Cutter und Klingen
- Schneideunterlage
- Metalllineal
- Transparentes Klebeband
- Sprühkleber, Klebestift oder Klebepads

Material
- Vorlage 46 auf Seite 137
- Papier
- Festen Fotokarton für die Unterlage
- Rahmen (nach Wunsch)

Material wählen
Wählen Sie Papier in einer Farbe, die zu dem Bild passt, das Sie rahmen wollen. Das Gewicht des Papiers ist unwichtig, da Sie den fertigen Rahmen auf einer Unterlage befestigen werden.

1 Vorlage 46 auf Seite 137 ausschneiden. Soll die Vorlage mehrmals verwendet oder vergrößert werden, einfach kopieren oder abpausen, wie auf Seite 26 beschrieben.

2 Die Vorlage mit Klebeband auf dem Papier befestigen.

3 Mit dem Cutter auf der Schneideunterlage die weißen Bereiche von der Mitte nach außen aus der Vorlage und dem Papier ausschneiden (siehe Seite 25). Lassen Sie sich Zeit. Die meisten Fehler passieren durch Ungeduld.

4 Nachdem die Details ausgeschnitten sind, den Rand abschneiden, sodass ein Rahmen entsteht.

MIT BEDACHT ARBEITEN
Die schwierigsten Bereiche sind hier rot markiert. Kleine Details können knifflig sein. Lassen Sie sich also insbesondere bei den Blättern Zeit und beachten Sie, dass das Muster mit dem Rand verbunden bleibt.

Tipp:
Sie können den Rahmen auf den Rand eines Spiegels kleben. Er wirkt dann filigraner. Auch die Eckmotive aus den Vorlagen können so verwendet werden oder Sie verzieren damit ein Foto in einem Album oder auf einer Karte.

SCHWIERIGKEITSGRAD ✂✂

5 Nun den Hintergrund aus Karton in einer anderen Farbe erstellen. Dazu ein Stück Karton in der Größe des Rahmens ausschneiden.

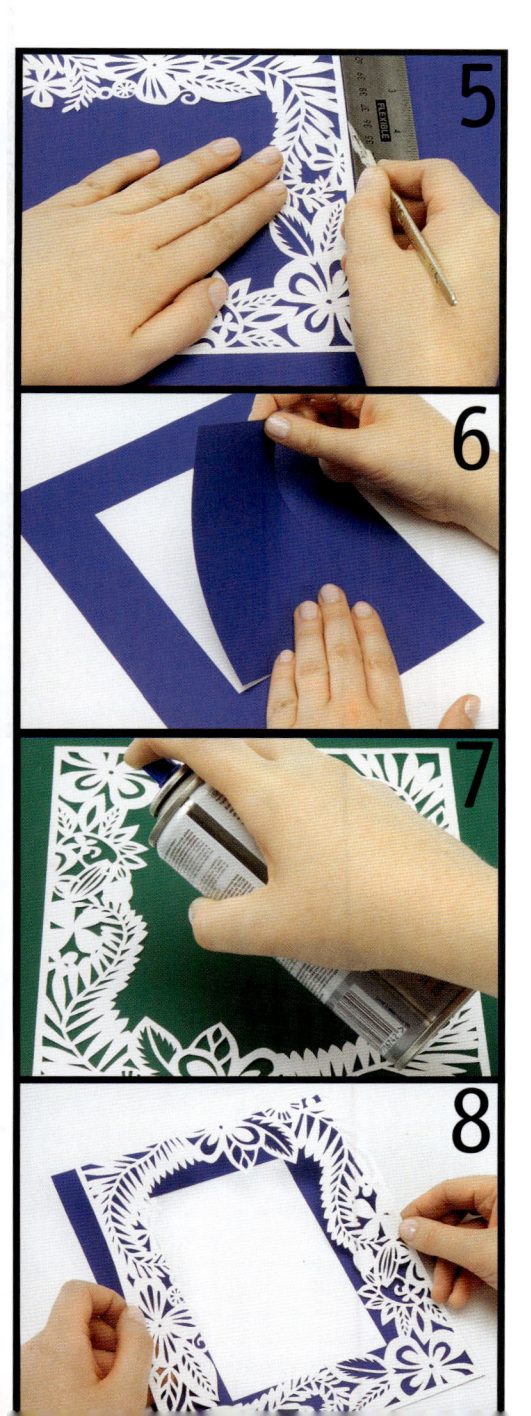

6 In der Mitte des Hintergrunds ein Quadrat ausschneiden, das in der Größe mit dem Fenster in der Mitte des Rahmens übereinstimmt.

7 Den Rahmen umdrehen und Klebstoff auf der Rückseite anbringen. Am besten geht das mit Sprühkleber, ein Klebestift oder Klebepads eignen sich aber genauso.

8 Den Rahmen umdrehen und auf dem Hintergrund anbringen, dabei sorgfältig die Ränder übereinanderlegen.

9 Das gewählte Bild hinter dem Rahmen anbringen und mit Klebeband befestigen.

PERSÖNLICHE NOTE
Verwenden Sie die Vorlagen für die Eckmotive oder den Rahmen auf den Seiten 137 und 139, um einem Spiegel, einem Kunstwerk oder einem besonderen Foto Ihre persönliche Verzierung hinzuzufügen.

STADTANSICHT

Zu diesem Projekt hat mich die Innenstadt New Yorks inspiriert. Als ich durch ihre Straßen lief, habe ich immer wieder zu den großartigen Wolkenkratzern aufgesehen und mir gedacht, dass ein Scherenschnitt die Magie dieser Stadt einfangen würde. Sie können das Modell entweder zweidimensional belassen oder es wie die Karte auf den Seiten 48–49 mit Ziehharmonikafaltung dreidimensional auf den Kamin oder in ein Regal stellen.

Werkzeug
- Cutter und Klingen
- Schneideunterlage
- Metalllineal
- Transparentes Klebeband

Material
- Vorlage 40 auf Seite 130
- Dünnen Fotokarton (vorzugsweise schwarz)
- Papier in Kontrastfarben

Material wählen
Dieses Modell soll aufgestellt werden, daher verwenden Sie am besten dünnen Fotokarton anstatt Papier. Für die Stadtansicht eignet sich schwarz sehr gut, Sie können aber auch jede andere Farbe verwenden.

1 Vorlage 40 auf Seite 130 ausschneiden. Soll die Vorlage mehrmals verwendet oder vergrößert werden, einfach kopieren oder abpausen, wie auf Seite 26 beschrieben.

2 Den Fotokarton in der Größe der Vorlage zuschneiden. Die Vorlage mit Klebeband auf der Karte befestigen.

3 Wenn das Modell zweidimensional bleiben soll, dann nicht falten. Ansonsten die Karte entlang der gestrichelten Linien auf der Vorlage falten (oder in Viertel, wenn Sie nicht die Vorlage für die Ziehharmonikafaltung verwenden) und mit den Fingern den Falz entlangfahren, um eine scharfe Kante zu erhalten. Die Karte entfalten.

4 Mit dem Cutter auf der Schneideunterlage die weißen Bereiche aus der Vorlage und der Karte ausschneiden (siehe Seite 25). Die kleinen Fenster in den Gebäuden werden einige Zeit in Anspruch nehmen.

5 Nachdem alle Details ausgeschnitten sind, zum Schluss die Skyline selbst ausschneiden.

MIT BEDACHT ARBEITEN
Die rot markierten Bereiche liegen auf der Faltlinie, arbeiten Sie an diesen Stellen besonders sorgfältig.

SCHWIERIGKEITSGRAD ✂ ✂

89

Stadtansicht

6 Das Modell nach dem Ausschneiden vorsichtig wieder falten. Dabei besonders darauf achten, dass der Scherenschnitt nicht reißt. Durch das Falten und Entfalten des Papiers in Schritt 2 wird dieser Schritt sehr viel einfacher. Nun kann die Stadtansicht aufgestellt werden.

URBANE KUNST
Sie können Ihre Stadtansicht in einem Rahmen oder als alleinstehendes Kunstwerk aufstellen, oder sie als Grußkarte verschenken.

Tipps:
- Bei diesem Projekt ist es unwichtig, womit Sie anfangen. Sie können auch erst die Skyline und dann die Details ausschneiden.
- Aus diesem Modell lassen sich auch Karten erstellen. Bringen Sie auf der Rückseite des Scherenschnittes ein kleines Quadrat weißen Papiers an, um dort eine Nachricht aufschreiben zu können. Alternativ eignet sich ein silberner Stift gut dazu, auf schwarz zu schreiben.
- Sie könnten auch Ihre eigene Stadtansicht erstellen, indem Sie einige hervorstechende Merkmale auswählen und diese zwischen die Gebäude und Bäume mischen.

WANDBILD

Dieses Projekt eignet sich großartig, um Ihre Sicherheit in der Kunst des Scherenschnittes zu demonstrieren. Sie können die Vorlage natürlich direkt aus dem Buch schneiden oder abpausen, aber damit das Design seine Wirkung richtig entfalten kann, sollten Sie die Vorlage auf 21 cm x 29,7 cm/A4 oder sogar 29,7 cm x 42 cm/A3 vergrößern. So entsteht ein großer Scherenschnitt, den Sie wie ein Poster an die Wand hängen können.

Werkzeug
- Cutter und Klingen
- Schneideunterlage
- Metalllineal
- Transparentes Klebeband
- Sprühkleber

Material
- Vorlage 50 auf Seite 141
- Papier
- Stabile Unterlage

Material wählen
Da es sich hierbei um ein großes Design handelt, das einige sehr filigrane Details enthält, sollten Sie am besten Papier statt Fotokarton verwenden. Wenn Sie eine stabile Unterlage aus Karton verwenden, beziehen Sie die Farbe dieser Unterlage bei der Wahl des Papiers mit ein. Weiß funktioniert immer, aber eine Farbe, die einen schönen Kontrast zum Scherenschnittpapier bildet, kann ebenfalls sehr gut wirken und Ihrem Kunstwerk eine besondere Note verleihen.

1 Vorlage 50 auf Seite 141 ausschneiden. Soll die Vorlage mehrmals verwendet oder vergrößert werden, einfach kopieren oder abpausen, wie auf Seite 26 beschrieben. Dieses Design wirkt am besten, wenn es in Postergröße an der Wand hängt. Dazu die Vorlage kopieren und nach Wunsch vergrößern.

2 Die Vorlage mit Klebeband auf dem Papier befestigen.

3 Mit dem Cutter auf der Schneideunterlage die weißen Teile aus der Vorlage und dem Papier gleichzeitig ausschneiden (siehe Seite 25). Systematisch von innen nach außen arbeiten.

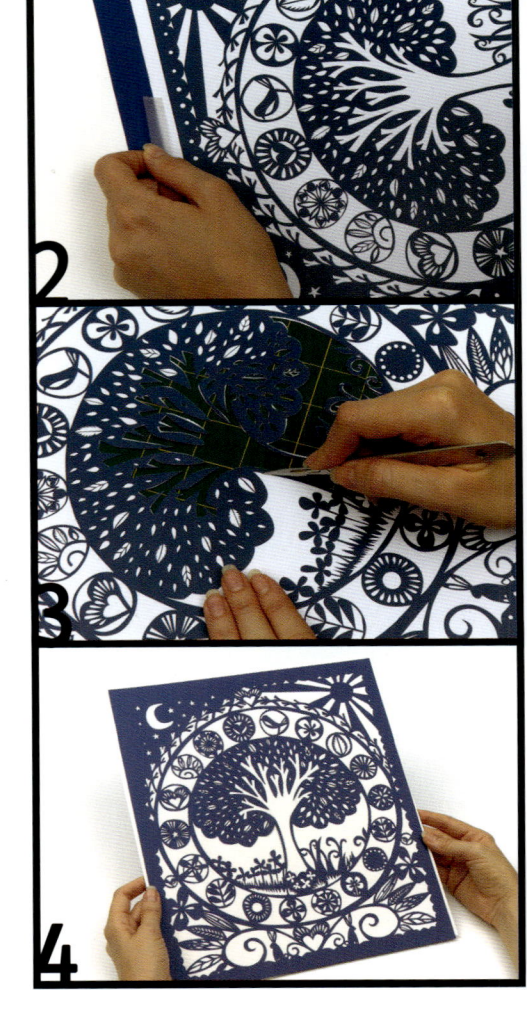

4 Die Rückseite des Scherenschnittes mit Sprühkleber einsprühen, den Scherenschnitt vorsichtig auf der Unterlage anbringen und trocknen lassen. Das Werk einrahmen, an die Wand hängen und bewundern.

MIT BEDACHT ARBEITEN
Das Design ist recht kompliziert, einige der schwierigeren Bereiche sind hier rot markiert. Der Scherenschnitt enthält sehr filigrane Details. Lassen Sie sich also Zeit und achten Sie darauf, dass alle Bereiche gut miteinander verbunden sind.

Tipp:
Bei einem Projekt dieser Größe ist es besonders wichtig, sich Zeit zu lassen. Anstatt alles auf einmal ausschneiden zu wollen, können Sie die Arbeit auch für einige Tage ruhen lassen. Achten Sie nur darauf, den Scherenschnitt flach aufzubewahren.

SCHWIERIGKEITSGRAD ✂✂✂

91

Wandbild

INDIVIDUELLE KUNST
Wenn das Wandbild einmal fertig ist, sind Sie im Besitz eines einzigartigen Kunstwerks, mit dem Sie zeigen, wie gut Sie die Kunst des Scherenschnittes beherrschen.

5

VORLAGEN

Hier sind sie – die Vorlagen. In diesem Kapitel finden Sie über 50 wunderschöne und einzigartige Vorlagen, die Sie aus dem Buch ausschneiden können, um mit der Kunst des Scherenschnittes zu beginnen.

Eine gestrichelte Linie am Rand jeder Seite zeigt Ihnen, wo Sie schneiden können. Verwenden Sie dazu ein Metalllineal, eine Schneideunterlage und einen Cutter. Auf vielen Seiten befindet sich mehr als eine Vorlage. Verwenden Sie hier vielleicht eher eine Schere, um die Vorlagen einzeln auszuschneiden, anstatt die ganze Seite zu entfernen.

Wenn Sie das Buch nicht zerschneiden möchten, dann müssen Sie dies auch nicht tun. Sie können die Vorlagen auch abpausen oder kopieren, sodass Sie sie immer wieder verwenden können, ohne sie aus dem Buch entfernen zu müssen. Die Anleitung dafür finden Sie auf Seite 26.

Die Vorlagen sind nummeriert, damit Sie schnell und einfach die richtige Vorlage für das jeweilige Projekt finden. Auf den Seiten 106 und 130 müssen Sie die Seiten ausklappen, um die besonderen Panoramavorlagen im Ganzen betrachten zu können. Es gibt viel mehr Vorlagen als Projekte, Sie können also aus einer ganzen Reihe von Designs und Variationen wählen. Jede zusätzliche Vorlage bezieht sich auf ein Projekt, indem dieselbe Technik verwendet wird, sodass Sie einfach den Schritten in den Anleitungen dieser Projekte folgen können.

VORLAGE 1
Karte mit Blumenmuster,
Seiten 46/47

VORLAGE 2
Karte mit Blumenmuster,
Seiten 46/47

VORLAGE 3
Karte mit volkstümlichem Motiv, Altarfaltung Seiten 50/51

VORLAGE 4
Karte mit volkstümlichem Motiv, Altarfaltung Seiten 50/51

VORLAGE 5
Karte mit volkstümlichem Motiv, Altarfaltung, Seiten 50/51

VORLAGE 6
Karte mit Wald, mehrschichtig
Seiten 56/57

101

Vorlagen

VORLAGE 9
Karte mit Turteltauben, Seiten 52/53

VORLAGE 7
Karte mit Wald, mehrschichtig, Seiten 56/57

VORLAGE 8
Karte mit Wald, mehrschichtig, Seiten 56/57

VORLAGE 10
Karte mit Turteltauben, Seiten 52/53

103

Vorlagen

VORLAGE 11
Botanische Kunst,
Seiten 58/59

VORLAGE 12
Botanische Kunst,
Seiten 58/59

VORLAGE 13
Botanische Kunst, Seiten 58/59

HIER
AUSKLAPPEN

Vorlagen

VORLAGE 14
Karte mit Garten, Ziehharmonikafaltung, Seiten 48/49

109

Vorlagen

VORLAGE 15
Fensterbild,
Seiten 80/81

VORLAGE 16
Fensterbild,
Seiten 80/81

111

VORLAGE 17
Mobilé, Vögel im Flug
Seiten 60/61

Vorlagen

A

VORLAGE 18
Mobilé, Vögel im Flug
Seiten 60/61

B

C

VORLAGE 19
Mobilé, Vögel im Flug, Seiten 60/61

113

Vorlagen

VORLAGEN 20, 21 & 22
Schattenfiguren,
Seiten 62/63

115

VORLAGE 23
Windlichter, Seiten 66/67

VORLAGE 24
Windlichter, Seiten 66/67

117

Vorlagen

VORLAGE 25
Schmetterling,
Glasdekoration, Seite 69

VORLAGE 26
Platzkarten, Seiten 68/69

VORLAGE 27
Platzkarten, Seiten 68/69

119

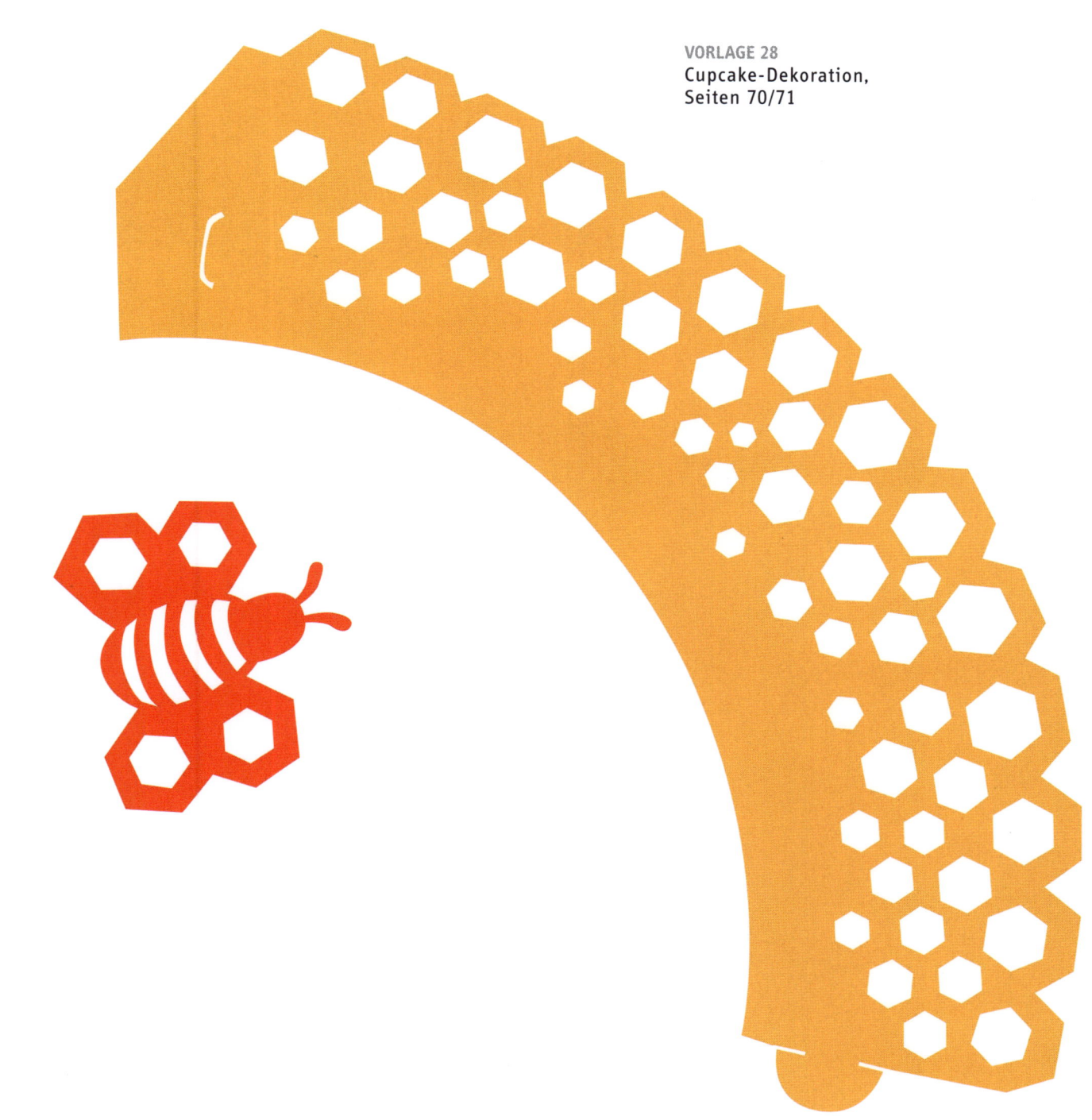

Vorlagen

VORLAGE 28
Cupcake-Dekoration,
Seiten 70/71

121

Vorlagen

VORLAGE 29
Cupcake-Dekoration,
Seiten 70/71

123

Vorlagen

VORLAGE 30
Geschenkanhänger,
Seiten 72/73

VORLAGE 31
Geschenkanhänger,
Seiten 72/73

VORLAGE 32
Geschenkanhänger, Seiten 72/73

VORLAGE 33
Geschenk-
anhänger,
Seiten 72/73

125

Vorlagen

VORLAGE 34
Girlande und Wimpel,
Seiten 74/75

VORLAGE 35
Girlande und Wimpel,
Seiten 74/75

127

Vorlagen

VORLAGE 37
Weihnachtsbaum-
dekoration,
Seiten 78/79

VORLAGE 36
Girlande und
Wimpel,
Seiten 74/75

VORLAGE 38
Weihnachtsbaum-
dekoration,
Seiten 78/79

VORLAGE 39
Weihnachtsbaum-
dekoration,
Seiten 78/79

HIER AUSKLAPPEN

Vorlagen

VORLAGE 40
Stadtansicht, Seiten 88/89

133

Vorlagen

VORLAGE 41
Volkstümliches Motiv, mehrschichtig, Seiten 82/83

135

Vorlagen

VORLAGE 42
Portrait-
Silhouetten,
Seiten 84/85

VORLAGE 43
Portrait-
Silhouetten,
Seiten 84/85

VORLAGE 44
Portrait-
Silhouetten,
Seiten 84/85

VORLAGE 45
Portrait-
Silhouetten,
Seiten 84/85

VORLAGE 46
Rahmen,
Seiten 86/87

139

Vorlagen

VORLAGE 47
Rahmen,
Seiten 86/87

VORLAGE 48
Rahmen,
Seiten 86/87

VORLAGE 49
Rahmen,
Seiten 86/87

VORLAGE 50
Wandbild, Seiten 90/91

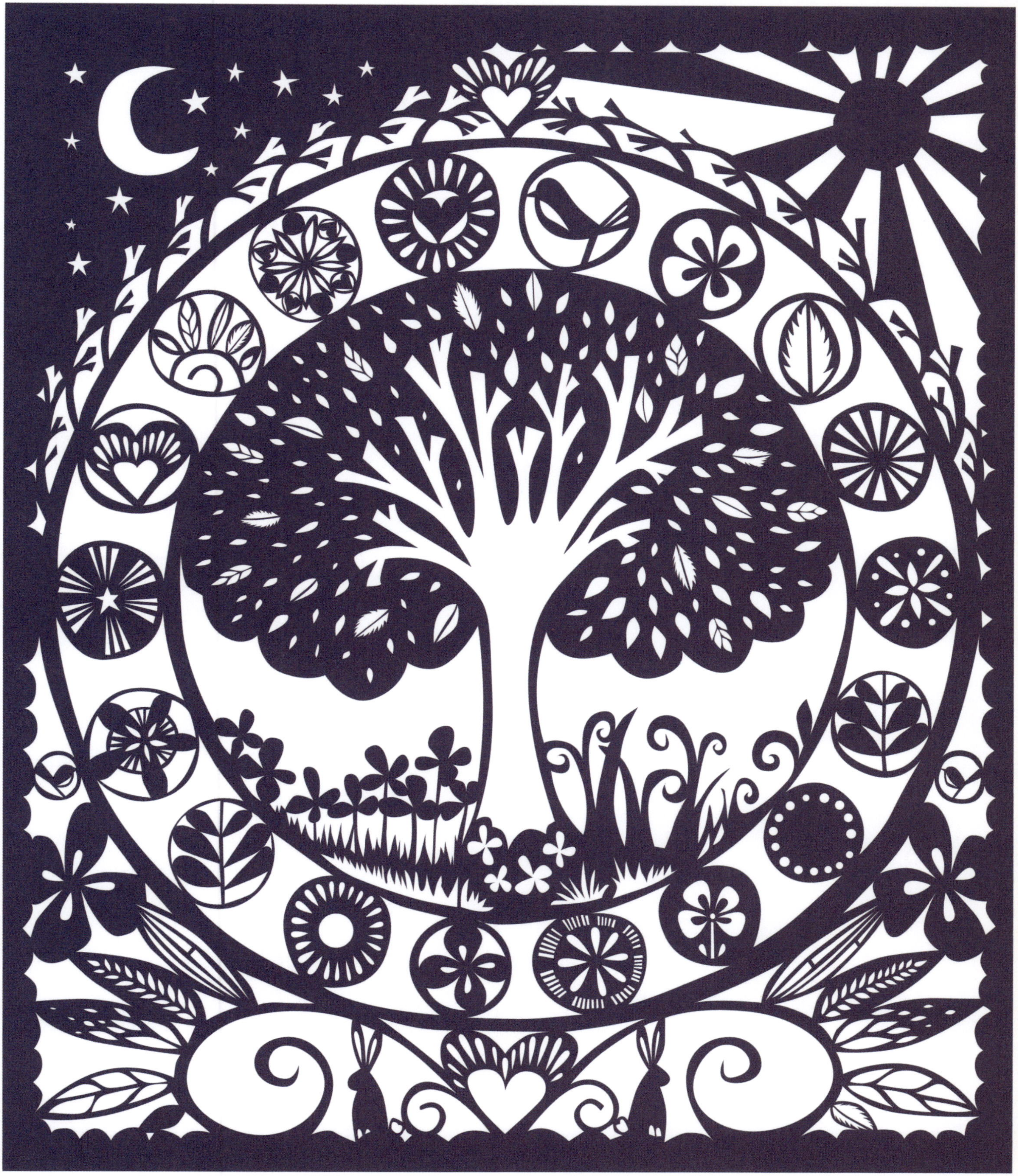

REGISTER

3-D-Arbeiten 15

A
Alphabet, Vorlage 43
Altarfaltung, Karte mit volkstümlichem Motiv 50/51, 97, 99
Anderson, Hans Christian 12
aufbewahren 90
ausbleichen 22

B
bewegliche Teile 21, 62/63
Blumen 58/59, 103
    Cupcake-Dekoration 70/71, 121
    Karte, Altarfaltung 99
    Karte, einfach gefaltet 46/47, 95
Bögen, schneiden 25
botanische Kunst 58/59, 103
Bügeln, Knitterfalten 32, 52

C
China 10
Cooperman, Laura 15
Cupcake-Dekoration 70/71, 119, 121
Cutter 21, 24/25, 29

D
Deutschland 12/13
doppelseitiges Klebeband 18, 32

E
Eckmotive 87, 139
Eichhörnchen, Schattenfigur 62-65, 113
eindrücken 29
einfach gefaltete Karte 46/47, 95
einkerben 29
Einladungen 50/51
Einlageseiten 47, 50/51

F
Faltschnitte 27-29, 52/53
Falzbein 21
Farbe
    hinzufügen 30/31, 36, 47
    Karteneinlagen 47
    ausbleichen 22
    zweifarbige Papiersorten und Karten 48/49
Federdesign 40
Fensterbilder 80/81, 109
Fotografien verwenden 36, 84

G
Gartenkarte, Ziehharmonikafaltung 48/49, 106
Gegenschnitte 23, 30/31, 40
gemustertes Papier 22
gerade Linie schneiden 25
Geschenkanhänger 72/73, 123
Girlande 74/75, 125
Glasdekoration 69, 117

H
Hase, Schattenfigur 62-65, 113
Heftklammern 21, 62/63
Herzvorlagen 97, 109, 123
    Rentier 80/81, 109
Hintergrundfarben 30
Hochzeit, Platzkarten 68-69, 117
Hummeln 70/71, 119

I
Innere der Buchstaben, das 43

J
Jüdische ketubah 13

K
Karten 54/55
    Ziehharmonikafaltung 48/49, 106
    Altarfaltung 50/51, 97, 99
    Einlage 47
    mehrschichtig 5/57, 99, 101
    Turteltauben 52/53, 101
    einfach gefaltet 46/47, 95
    Valentinstag 53
Klebeband 18
Klebemittel 18, 32
Klebepads 18, 32, 52
Kohlepapier 18, 26
Kreise, schneiden 25

l
Lineal, Metall 21, 25

M
Maus, Schattenfigur 62-65, 113
Menükarten 50/51
Mexiko 13
Mobilé, Vögel im Flug 60/61, 111
Moodboard 36
Mora, Elsa 15
Muster übertragen 26
Muster umdrehen 42/43

N
Negative Formen 40/41, 42
New York, Stadtansicht 88/89, 130

P
papel picado 13
Papier, Sorten und Gewichte 22
Pearlman, Mia 15
Perspektive 30/31
Platzkarten 68/69, 117
Polen 12
positiv/negativ 40/41, 42

R
Rahmen, Scherenschnitt 86/87, 137, 139
Rentier, Herz 80/81, 109
Rotkäppchen 56
Ryan, Rob 15

S
Schattenfiguren 62-65, 113
Schattentheater 62-65, 113
Schere 18, 21, 23
Scherenschnitte ausstellen 32/33
    Fensterbilder 80/81
Scherenschnitte entwerfen 36-43
    Muster verändern 26
Scherenschnitte rahmen 32/33, 58/59, 85
Schichten 30/31, 49
    volkstümliches Motiv 82/83, 133
    Waldkarte 56/57, 99, 101
    Geschenkanhänger 72/73, 123
Schmetterling, Glasdekoration 69, 117
Schneeflocken 27, 78/79, 127
Schneideunterlage 21, 24
Schnitttechniken 22-25
Schreiben 42/43, 74/75
Schwan, Vorlage 97
Schweiz 12/13
Sicherheit 24, 67
Silhouetten 12, 84/85, 135
Skalpelle 24/25
Skizzenbuch 21, 36
Spiegelrahmen 87
Stadtansicht 88/89, 130
Sterne 40
    Geschenkanhänger 72/73, 123
    Windlicht 66/67, 115
    Weihnachtsbaumdekoration 78/79, 127
Stil, entwickeln 38
Symmetrieschnitte 27/28, 52

T
Tag der Toten 15
Tiefe, erzeugen 30, 48/49
Transparentpapier 18
Turteltauben 27
 Girlande 74/75, 125
 Karte 52/53, 101

U
Überschneiden 24
Unterschneiden 24

V
Valentinstag, Karte 53
Vögel 27, 32
Vögel im Flug, Mobilé 60/61, 111
Turteltaubengirlande 74/75, 125
Turteltaubenkarte 52/53, 101
volkstümliche Motive 10-15, 50/51, 82
Vorlagen 26
 vergrößern 26
 übertragen 26
Vorlage, ohne 38/39
Vorlagen scannen 26
Vorlagen kopieren 26

W
Wald, mehrschichtig 30/31, 56/57, 99, 101
Wandbild 90/91, 141
Weihnachtsdekoration
 für Bäume 78/79, 127
 für Fenster 80/81, 109
Werkzeug und Material 28-21
Wimpel 74/75, 127
Windlichter 66/67, 115
Wycinanki 12

Z
Ziffern
Ziehharmonikafaltung 28, 48/49, 88/89
 Kartenprojekt 48/49, 106

DANKSAGUNG

Quarto dankt den folgenden Künstlern für die Bereitstellung ihrer Bilder:

Béatrice Coron www.beatricecoron.com S. 15 (unten links)
Doverbooks S. 12 (oben)
Elsa Mora http://elsita.typepad.com S. 15 (oben rechts)
Emma van Leest www.emmavanleest.com S. 13 (unten links)
Julie Marabelle www.famillesummerbelle.com S. 4/5
Mia Pearlman www.miapearlman.com S. 13 (oben rechts)
Rob Ryan www.misterrob.co.uk S. 14
Zhrzh/Shutterstock S. 10 (unten)

Außerdem möchten wir Alamy, S. 10 (oben), 11, 12 (unten), danken.

Alle weiteren Bilder unterliegen dem Copyright von Quarto Publishing plc.
Obwohl alles unternommen wurde, um Rechteinhaber zuzuordnen, entschuldigt sich Quarto für Fehler oder Auslassungen – und wird die entsprechenden Korrekturen in zukünftigen Auflagen gerne einarbeiten.